长期利润

[美] 乔治·塞拉分（George Serafeim）/ 著

孔令一　张岩佳　王梦诺 /译

PURPOSE
AND
PROFIT

How Business Can
Lift Up the World

中信出版集团 | 北京

图书在版编目（CIP）数据

长期利润 /（美）乔治·塞拉分著；孔令一，张岩佳，王梦诺译 . -- 北京：中信出版社，2023.6
书名原文：Purpose and Profit：How Business Can Lift Up the World
ISBN 978-7-5217-5577-0

I. ①长… II. ①乔… ②孔… ③张… ④王… III. ①企业利润－研究 IV. ① F275.4

中国国家版本馆 CIP 数据核字（2023）第 074524 号

Purpose and Profit：How Business Can Lift Up the World
Copyright © 2022 by George Serafeim.
Published by arrangement with Creative Artists Agency in conjunction with Intercontinental Literary Agency through The Grayhawk Agency Ltd.
Simplified Chinese translation copyright © 2023 by CITIC Press Corporation.
ALL RIGHTS RESERVED
本书仅限中国大陆地区发行销售

长期利润

著者：　　[美]乔治·塞拉分
译者：　　孔令一　张岩佳　王梦诺
出版发行：中信出版集团股份有限公司
　　　　　（北京市朝阳区东三环北路 27 号嘉铭中心　邮编　100020）
承印者：　天津丰富彩艺印刷有限公司

开本：787mm×1092mm　1/16　　印张：16　　　　字数：170 千字
版次：2023 年 6 月第 1 版　　　　印次：2023 年 6 月第 1 次印刷
京权图字：01-2022-6680　　　　　书号：ISBN 978-7-5217-5577-0
　　　　　　　　　　　　　　　　定价：69.00 元

版权所有·侵权必究
如有印刷、装订问题，本公司负责调换。
服务热线：400-600-8099
投稿邮箱：author@citicpub.com

目 录

前 言 VII

第一部分
共识：为更大的公司目标创造机会

01 第一章
关于营商：发生了哪些变化 _ 003

公司变革的背后：目标驱动力　007

做出改变和创造利润的强烈欲望　008

最佳可持续性　011

不要一味逐利　012

业务扩展　017

结果证明一切　020

展望未来：新一代　021

02 第二章
"影响一代"的影响力 _ 023

选择与多样性：更多牛奶、牛仔裤和银行　027
选择：不仅是消费者，还有员工　030
透明度和信息：不良公司行为的可见度　034
声音与行动：消费者和员工的力量　038
价值转变：从实物资本到人际关系　041
目标：真正意义上的区分点　043

03 第三章
透明度与问责制：公司毫无秘密 _ 049

仅靠信息是不够的　053
报告和透明度　054
问责制：自愿与强制　056
价值相关性：一个有意义的问题　057
ESG因素对财务绩效的积极影响　059
影响未来：下一步　064
影响力加权会计：游戏规则的改变者　066
下一步：该做什么　070

04 第四章
不同公司行为的后果 _ 073

公司在应对ESG挑战中的作用　076

公司行为的影响力　079

应对新冠肺炎疫情带来的挑战　082

偏差、丑闻以及领导者的作用　086

不良行为与非法行为　089

突破：将良好公司行为转化为竞争优势　091

为什么要关注这些　092

展望未来：再接再厉　094

第二部分
执行：如何实施以目标为导向的计划

05 第五章
公司持续盈利的策略 _ 099

个人挑战：浪费潜力　103

公司挑战：先爬后跑　105

如何实现可持续创新　106

迈向可持续创新：五步行动框架　108
战略眼光：凡士林的惊人力量　109
建立问责制结构：自上而下与自下而上　111
围绕公司目标构建文化：面向光明　114
必要的运营变革：建立信任型组织　116
与投资者和世界沟通：重要信息　120
做得好：奖励　126

06 第六章
机会原型：公司如何获取价值 _ 127

新模式或新市场：展望未来　131
业务转型：投入精力进行可持续变革　133
单一经营整合：征服新大陆　136
替代产品：可以做到　138
运营效率：价值驱动　140
价值认知：走在市场前面　142
投资者的作用：不仅仅是逐利　143

07 第七章
投资者推动变革：不仅仅是负面筛选 _ 145

ESG投资：需要的不只是行善者和负面筛选　150

一种新的抄底方式：未被认可的ESG价值　154

可持续发展：下一代　157

底线：创新问责制　160

不再是囚徒　164

使ESG成功的指引　169

ESG与个人　171

08 第八章 一致性：现在还是以后_173

一致或不一致：选择变革　176

你不需要成为首席执行官　178

领导力在各个层面都很重要　180

关于成功的正确要素　181

危险和警告标志　182

个人能做什么以及需要了解什么　183

结　语　185

注　释　199

参考文献　221

前 言

我得先坦白一件事,当刚开始职业生涯时,我不会拿起这本书。这并不是说我不关心企业是否在帮助世界,或者企业目标和利润是否可以共存,我只是觉得这些话题与我的生活无关。我的职业生涯开始于负责分析和评估保险公司。公司是否在更广泛的意义上保护地球而不是仅为股东创造利润,以及是否为员工提供良好的工作环境或为客户提供好的产品,并不是我所关注的最突出的问题。

我去商学院上学是希望这能扩展我一直在做的工作。我喜欢深入研究估值技术并接受由复杂的金融工具所带来的智力挑战。我在金融危机时期获得了哈佛商学院的博士学位。此外,我对深层次技术问题的研究获得了学术界的关注,研究成果发表在我所在领域的一些久负盛名的学术期刊上。我很幸运地在毕业时收到了几所顶尖大学的录用通知。

尽管如此，我还是觉得少了些什么。

一天，我和一个好朋友——伦敦商学院的战略学教授扬尼斯·约安努（Ioannis Ioannou）聊天。扬尼斯和我曾在哈佛大学的一个博士项目上打过交道，我们一直想合作，但没有找到合适的时间，也没有发现我们在研究兴趣上有交集。他问我是否了解那些正在努力改善其社会影响的公司。我们开始讨论企业更好地对待员工、减少污染和诚信行事等问题。我们想知道为什么这些问题很少被认为与股东利润一样重要，以及是否真的有数据支持这种人们普遍持有的观点，即考虑社会效益会分散企业的核心使命，并不可避免地拖累业绩。

当反思这些问题时，我意识到我们没有一个好的答案。这次讨论让我重新审视自己一直在做的工作，以及这份工作是否真的有效发挥了我的技能和知识。我很在乎我的论文，但我不确定它们会不会让我充满目标感。我想做更多的事情，并很快发现，我越深入思考公司行为及其对社会的影响，这些问题对我来说就越重要。

事实是，我不知道为什么一些公司着眼于更大的目标而行动，而另一些公司选择不这样做。我不知道这两种行为的后果是什么，甚至不知道如何开始分析它们。我确实知道世界是非常复杂的，也试图理解公司的行为在本质上是复杂的。如果我和扬尼斯接受这个挑战——解释公司的行为并从它们的行为中提取经验教训，那么在数据方面，我们将面临一场艰苦的战斗。当时，很少有公司发布关于员工多样性、事故、员工福利、碳排放、水消耗以及公司产品的可获得性和可负担性等方面的数据。这是个大问题，如果没有数据，那么我们如何评估和理解公司在社会中的角色？

在有了数据后，我们首先试图了解投资者是否关注公司为了实现更大的目标所做出的努力。通过分析数千家公司的数据，我们发现，华尔街分析师实际上对那些努力提高社会影响力的公司提出了更悲观的投资建议，而不是那些没有做出努力的公司。投资界似乎持有一种惊人的观点，即拥有良好的社会影响力是一个信号，这表明一家公司的未来表现将比同行差。我们怎么可能生活在一个管理者如果"做好事"，就会受到惩罚的世界里呢？更重要的是，这种预测正确吗？如果正确的话，那么这是由什么造成的呢？如果"做好事"真的会阻碍公司未来的发展，那么我们应该接受这个现实，还是努力改变它？例如，我们能否创造条件，让一个"做好事"的社会变得更好。

这项工作很困难，说服人们认真对待这项工作就更难了。基于这项研究的论文花了我们5年的时间才在顶级学术期刊上发表。我对学术界很少考虑这些问题感到震惊，而我掌握的资料和实证研究让我相信，这些问题对商界的许多人来说越来越重要了，包括首席执行官、投资者、员工，以及那些希望更好地了解与自己交易过的公司的消费者。然而阻力很大，很多人不愿意考虑社会和环境问题与商业的相关性。许多商界人士认为这些问题是"软问题"，超出了一个严肃的人应该考虑的范围。2011年，我向主要金融机构的约100名资深投资人士展示了我的研究，他们的反馈是一致的："这些话题无关紧要。"没有一个人表示有兴趣了解这些数据或进一步探索这项工作。作为一名希望获得终身教职的教员，我意识到这是一项非常冒险的研究，因为在这个新兴领域发表论文相当困难。考虑到我的职业生涯和学术前途，几个朋友给了我一些简单的建议："放弃吧。"

但我不想放弃。那时，对公司、投资者和决策者行为的分析和研究使我有了一个假设，即气候变化、社会的多样性和包容性、产品或服务的可获得性和可负担性、工作机会、产品安全和质量，不仅是重要的社会问题，还是关键的商业问题。我知道，要想让人们理解这一点，而不是简单地将这些想法视为"软问题"，我必须持续生成和分析客观数据。

我的任务是创建必要的指标和量化工具，以深入了解公司的行为，同时为它们提供证据，以改变其影响社会的方式。我和同事收集到的数据验证了我的假设——环境和社会问题确实会影响许多公司、经济部门和国家的估值、盈利能力和资本效率。围绕ESG（环境、社会和治理）问题，一个新兴领域正在形成。曾与我合作的、分布在世界各地的企业家、专业人士和投资者，释放了令人难以置信的能量。

我越来越相信，我可以也应该继续在为公司创造条件方面发挥积极作用，从而让公司为社会和环境福祉做出贡献。不要问这些努力是否与商业有关，我认为更重要的问题是：需要发生什么才能让它们尽可能相关。重新定义这一问题改变了我的观点，让我能够利用学者、教育家和实践者的身份，以富有成效的、有意义的方式推动世界向前发展。

之后的几年里，我和同事一起领导了一场革命，改变了人们对这类问题的看法。我们在过去十年中发表的研究结果显示，在重大ESG问题上表现良好的目标驱动型公司的股票回报率每年超出竞争对手3%。[1]例如，通过努力保护客户、员工和供应商来应对新冠肺炎疫情的公司，在2020年3月股市崩盘的一个月内，其股票回报率比同行高出2%。[2]虽然这些数据令人印象深刻，但重要的是，不只是数据改变了（而且在继续改变着）人们的思维，目标和利润的冲突也出现在社会的更大转变中。

在这本书的第一部分——"共识：为更大的公司目标创造机会"，我讨论了几个趋势，这些趋势正好以新的方式将公司目标和社会目标结合在一起。

- 商业目的随着时间的推移而变化，以反映大众希望公司为世界做出的贡献（第一章）。
- 随着人们对工作的期望越来越高，消费者对公司的期望也越来越高，人们的态度在变化（第二章）。
- 科技、社交媒体和新的数据指标让我们比以往任何时候都更清楚公司的行为，从而大大改善了针对公司行为的问责制（第三章）。
- 公司的行事方式与以往任何时候都大不相同，它们应加大力度提供公共产品、承担社会责任，以取得积极成果（第四章）。

在第二部分——"执行：如何实施以目标为导向的计划"，我将重点阐述公司、投资者和员工如何利用这些社会趋势来推动业务、投资和生活发生有影响力的变革。

- 公司如何从战术上将"行善"付诸实践，并推出对社会具有积极影响的举措（第五章）。
- 新趋势带来的六种机会原型（第六章）。
- 投资者扮演什么角色，以及他们是否认识到了"行善"可以令其在资本市场获得回报，对于推动公司走在正确的道路上至关重要（第七章）。
- 个人如何通过这些社会趋势来看待自己的选择和职业，并管理自己的行为，以尽可能多地影响社会和公司（第八章）。

读完本书，你将深入了解这一社会变革，并且能够在自己的生活和工作中采取行动。图0-1展示了这本书的主要思想，并显示了各个篇章在本书的位置。

我对这些问题的研究以预料不到的方式进行着。第一部分提到的所有趋势似乎一下子就引起了公众的注意，之后几乎在一夜之间，大众对这个领域的兴趣达到了一个转折点。突然之间，我的研究成果被更多人接受，我收到了许多来自商界领袖的咨询和会议邀请，我开始看到真正的动力和领导者的行动。

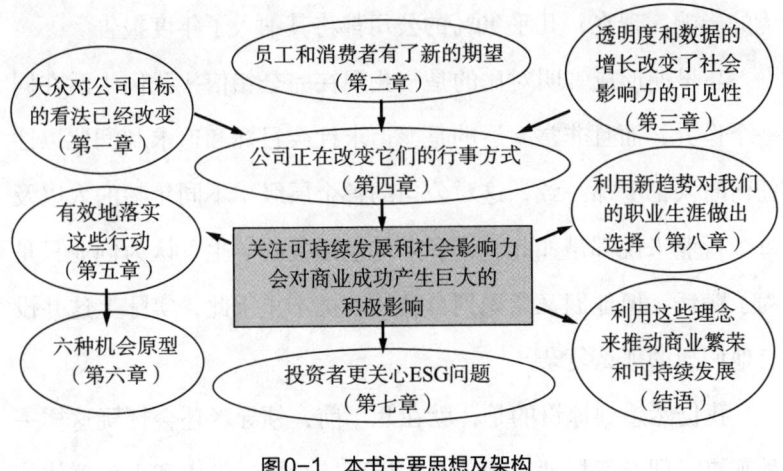

图0-1 本书主要思想及架构

我和其他研究人员生成的数据非常有吸引力,不容忽视。由于上述原因,社会开始意识到行善和获利不一定是相互排斥的,如果公司以谨慎且明智的态度对待可持续发展战略,两者就不会互斥。相关组织如雨后春笋般涌现,为企业道德和可持续投资制定标准,还制定了可以跟踪企业业绩的指标,政府甚至开始要求各州和国家退休基金在投资公司时考虑社会因素。Showtime电视网于2016年初首播的电视剧《亿万》在2020年将影响力投资和可持续发展作为关键故事情节,而就在几年前,这是不会出现在主流荧幕上的。

当我开始这项工作时,超过1/8的标准普尔500指数公司的董事会中没有一名女性。仅仅十年后,这些公司都有了女性董事(女性占所有董事会席位的1/4以上,当然这并不理想,但也是进步)。过去,全球只有不到20%的大公司披露了它们的业务对环境的影响。现在,几乎90%的公司都将其纳入了年度报告。

与早期形成鲜明对比的是,我现在完全相信,我们生活在同一个世界,而且非常幸运的是,追求社会目标和追求利润比以往任何时候都更加一致,这对公司的各个层级、不同年龄的人以及每个行业来说都是如此。许多人(包括我的学生)认为创业只是为了赚钱,但他们又意识到自己的动机不止于此,实际上这并没有他们想的那么复杂。

我仍然感到惊讶的是,就在几年前,领导者还会怀疑这样一种观点,即有目标地行动,并牢记可持续性、健康和更多群体的利益,会给公司带来利润。这绝对有可能,尽管成功地执行它并不简单,这就是第二部分的真正内容。我想要传达的最重要的结论是,公司将目标和利润结合起来是有可能的,它可以获得巨大的回报,但这并不容易,也没有保证。无论是经营一家成功的企业还是为有意义的社会变革做出贡献,这都不是一件简单的事情,两者都极具挑战性。

我只需要阅读电子邮件就能记住这一点。2021年春天,我准备在课堂上教授佐治亚州卡罗尔县的一家电气布线公司南方电缆多年来成功运行的一个当地社区发展项目。在准备课程的时候,我收到了一封电子邮件,一名学生说,在进入哈佛商学院之前,他就受到了这个成功项目的启发,当时他在离南方电缆总部不远的佐治亚州商会工作。

南方电缆的成功令人瞩目。在一个近1/3的学生都没有毕业的社区(特别是有近一半的经济困难学生),南方电缆与当地的学校官员合作，寻找"最危险"的孩子，帮助他们从高中毕业。这个项目接纳了那些出勤率低的低收入家庭的孩子（他们的父母经常不在家、有虐待倾向、吸毒成瘾或在监狱里），为他们提供了工作培训、指导和真正的工作机会。这个名为"12 for Life"的项目将当地社区的毕业率提高到了94%，甚至高危人群也可以参加该项目。这在当地社区产生了巨大影响，同时扩大了南方电缆的业务。通过帮助员工找到自己作为学生导师的意义，公司鼓舞了士气，吸引和留住了优秀人才，并加强了其社会资本。无论是在经济繁荣时期还是在经济不景气时期，该项目都是盈利的，因此它也是可持续的，所有利润都将用于扩大该项目的规模及影响。现在已经有了成千上万名为此项目感到自豪的校友，这个项目已经远远超出了最初的设想。

我的学生曾试图在不同的社区、不同类型的公司复制"12 for Life"项目。"剧透警告，"他写道，"我失败了。"这类项目经常会失败，因为执行远比意图重要。在这个案例中，这名学生列举了几个相关因素：与他合作的公司缺乏热情，学校缺乏资源和承诺以及强有力的领导。所有因素加在一起造成了一个令人不满意的结果：他的项目从未起步。

我分享这个故事是为了说明，这不是一本关于公司行善的魔法书。商业成功与社会和环境变革之间的平衡，以及公司对这种平衡的选择，总是复杂的，而消费者、投资者和其他利益相关方的反应并不总是可预测的。我的研究表明，公司做出对社会有益的行动变得越来越有回报了，在某些情况下，这甚至成了公司生存的必要条件。但为了让公司脚踏实地地行动,你需要深入研究并真正理解为什么一些项目成功了,而一些项目最终失败了,这就是本书的内容。

图0-2显示了目标和利润在不同观点范围内的位置。图的左边代表一种传统的商业观点:公司对世界产生积极影响伴随着对利润产生净负面影响,因为这会从公司的核心创收中拿走时间和金钱。图的右边则代表一种一厢情愿的想法,即积极影响会毫无保留地给利润带来正面影响,幻想良好的意图就足够了,市场会神奇地奖励那些动机纯粹的参与者。

```
相关性(利润,影响)< 0        本书         相关性(利润,影响)> 0
纯公共产品                                经营情况良好
```

图0-2　针对目标和利润的两种观点

我反对这两种极端观点。任何一种情况都可能是真的,这取决于具体情况。一些公司可以向右侧移动,但不是所有公司。随着世界开辟出一条使商业和社会利益更紧密结合的道路,如何塑造这一旅程取决于我们所有人。这本书给出了区分成功和失败的答案。

ESG为什么以及如何影响你

从根本上说,《长期利润》一书是写给企业家、年轻的专业人员、中层管理人员、高级管理人员、投资者以及其他正在经营各种业务的人的。从服务员工和当地社区到解决环境、不平等和其他方面的全球性问题,上述群体这样做不仅是为了让自己感觉更好,也是为了推动商业成功。这本书的目的是帮助你弄清楚为什么"做好事"会让一些公司达到新的高度,这些公司是如何做到这一点的,以及你需要知道什么才能利用社会趋势中的强大力量。

这本书主要基于我在过去十多年中发表的50多篇研究论文和开展的各种实证研究,还包含我作为企业家、董事会董事和投资者所积累的实践经验。

这本书是写给实干家的,即那些相信企业家、专业人士、投资者以及处于职业生涯任一阶段的员工都可以利用自己的技能和知识来改变社会的人。我花了很长时间才说服人们相信ESG因素在商业中很重要。如果我不认为这些问题值得讨论并且能够真正改变世界,那么我早在潮流转变之前就放弃了,并转向一个更直接、更容易被接受的研究领域。

将公司目标和利润结合在一起的非凡之处在于,它强化了我对商业的热爱(不仅从组织和社会的角度,而且从个人的角度)。当你的工作对你来说有成就感和回报时,你会更努力地工作,因此创新会不可避免地产生。这样世界就有了更好的汽车、更好的咖啡、更好的建筑，生产力的提高体现在公司的底线上。尽管考虑了纯利润之外的因素，但最终你会获得更多的利润。这是历史上从未有过的良性循环的例子。读完这本书，你将以全新的视角看待自己的职业生涯和这个世界，并确信现在就是追求梦想的最佳时机，你将看到你的梦想终会得到回报。每个人都有一条通过商业来改善世界的道路，这归根结底就是将目标和利润结合起来。

第一部分

共识：为更大的公司目标创造机会

第一章

关于营商：发生了哪些变化

2016年初，我与汽车行业的高管谈起了气候变化问题，尤其是关于电气化作为一个大趋势，将会重塑汽车行业的问题。但他们认为这个想法过于遥远，不值得考虑。他们认为在2030年之前甚至之后，这都不可能影响到他们。当我提到特斯拉时，他们笑了，说特斯拉不可能大批量地制造出质量可靠的汽车，更别提电气化会影响他们的业务了。汽车巨头戴姆勒公司的前任董事长埃查德·路透（Edzard Reuter）曾说："特斯拉和德国的大汽车公司相比，是一个不值得被认真看待的笑话。"[1]

仅仅几年后，所有人都在努力追赶特斯拉。该公司的市值超过了许多竞争者，例如丰田、大众、戴姆勒、通用汽车、宝马、本田、现代、菲亚特克莱斯勒和福特。特斯拉的市值不仅超过了这些公司各自的市值，还超过了它们的市值总和。[2]特斯拉在做到这一点的同时仍专注于目标，而不仅仅是利润。埃隆·马斯克（Elon Musk）有时可能是一个古怪的企业家，但是对于他在创新和研发现实世界的解决方案以及有效应对气候变化问题上的投入,我们很难提出质疑。

目标不仅仅是企业家在创办新公司时要考量的。萨提亚·纳德拉(Satya Nadella)将微软从一家曾被人们认为无足轻重、毫无创新能力并且注定失败的公司,转变为全球最有价值的公司之一,这是微软发展史上的第二次变化,而这次转变的核心就是目标。纳德拉致力于将目标注入微软所做的每一件事情,坚持认为驱使公司前进的目标只有一个:让人们通过科技改善生活。他凭借这一核心价值观重塑了企业文化,重振了创新精神,并促使科技行业变得更具包容性。在创新方面,纳德拉将微软的业务重心从 Windows 操作系统(视窗操作系统)拓展到云计算等新领域。在包容性方面,他提高了微软内部人才在种族和性别方面的多样性,并把为员工创造更多机会作为他的核心理念。

"我总是回想起我们公司和周围世界的社会契约。"纳德拉说,"如果你所做的一切只是为了使自己受益,那么你不可能持续存在……利润来自你为周围世界创造的更大的盈余。"[3] 微软曾连续三年(2019—2021年)被非营利性机构正义资本评为全美最正义的公司,微软已成为一个努力保护环境和加强民主的领导者。[4] 微软带给我们的深刻启示是:传统公司也可以为了自身利益和全社会的利益而重塑自身。过去并不代表未来,领导者拥有相当大的自主权来定义自己和组织的未来。

纳德拉告诉科技资讯网(CNET):"微软的使命就是让地球上的每一个人、每一个组织都取得更大的成就,这不仅仅是一套说辞。我们在做出所有决定、造出所有产品以及与客户合作时,

都会抓住'我们是谁'这一本质。"⁵

公司变革的背后：目标驱动力

新老公司都在通过更广泛的方式来改变自己乃至整个行业，而不仅仅是单纯追求利润。要想理解商界发生了什么，我们可以将其归结为一个简单的问题：人们为什么要创业？

当向哈佛商学院的学生提出该问题时，我得到的答案几乎完全取决于我的提问方式。如果我以抽象的方式提问："除你之外的其他人、新闻中的人、你只能推测其思想和动机的人，为什么要创业？"那么他们的答案很简单：为了赚钱。这是对商人的讽刺，但又不只是讽刺，这是最基本的假设和期望。如果你回顾经济学家米尔顿·弗里德曼（Milton Friedman）于1970年在《纽约时报》发表的题为《弗里德曼理论——企业的社会责任是增加利润》（A Friedman Doctrine——The Social Responsibility of Business Is to Increase Its Profits）这一专栏文章，你就会发现这是势在必行的。⁶弗里德曼认为，企业的任务就是做生意，而企业领导者的唯一目标就是使利润最大化，社会影响和其他所有因素都不重要。

但是，如果我将问题表述为"你为什么想创业"，那么学生的回答各有不同。他们告诉我，是"创造"带来的挑战驱使着他们去创业——创造让消费者满意和感到愉悦的产品和服务，创造就业机会，并为自己创造一个充满智力挑战、良好的职业关系、高效的团队和具有社会影响力的人生。当然，他们想赚钱，因为这使他们有能力购买想要的产品和服务。但对于大多数人而言，创业的动机不只是尽可能赚更多的钱，这不是他们每天早起并热情迎接工作的原因。

做出改变和创造利润的强烈欲望

几年前，我遇到了雷尼尔·英达尔（Reynir Indahl），他当时就职于全球业绩最好的私募股权公司之一。然而，当2008年的金融危机来袭时，他感觉自己就像是制度体系中的一名囚徒。这让他开始认真思考社会中的种种不平等问题，他意识到自己要在这些问题上站在正确的一边，创造正向的结果，而不是给世界带来负面影响。

雷尼尔最终决定做出改变。当时他访问了哈佛商学院，并在我的课堂上发表演讲，之后我们共进午餐。他就自己职业生涯的下一步应该如何发展询问了我的建议。他充满激情，特别想有所作为，但他觉得自己在现有的职位上做不到这一点。我问他："你为什么不创立一家自己的私募股权公司呢？"几个月后，雷尼尔创立了苏玛股权，这是一家着眼于ESG问题的私募股权公司，旨在为实现联合国可持续发展目标（无贫困、零饥饿、优质教育、公平正义和无环境污染等）提出解决方案。雷尼尔认为，在ESG方面（比如气候变化、教育以及通过医疗保健创新来提高生活品质）一马当先的公司，未来的发展前景最好。公司为世界做出贡献不只是为了获得正面的新闻报道或安抚消费者，更多的是因为这关系到公司的战略和增长问题。他相信，通过成为ESG方面的专家，苏玛股权可以帮助这类公司取得成功，并给世界带来积极的影响。

我有幸担任苏玛股权的顾问并成为投资人，亲眼见证了雷尼尔及其合伙人是如何打造出这样一家真正以目标为驱动力的公司的。苏玛股权目前管理着超过10亿美元的私募股权，同时为建设一个更可持续发展的地球贡献一己之力。2021年，苏玛股权退出了对环保解决方案公司索塔尔的第一笔投资。该公司的收入在5年内增长了7倍，而其市值甚至远超这一数字，回报相当可观。

我见过许多像雷尼尔这样的成功人士，他们在职业生涯中期意识到自己正在追求的并不是真正能够激励他们的东西，于是决定冒险做一些更有影响力的事情，尝试着做出改变。我已经从刚开始工作的人身上看到了越来越多的类似情况。

贾里德·廷格尔（Jarrid Tingle）是我以前的一名学生，他就是这种情况。贾里德住在费城附近，由单身母亲抚养长大。通过一个专门针对低收入家庭的项目，他进入一所具有竞争力的私立高中读书，进而有机会在宾夕法尼亚大学沃顿商学院完成本科学业，然后在巴克莱银行做投资工作。

在将近30岁的时候,他与几个朋友共同创立了哈莱姆资本合伙公司。这是一家风险投资公司,专注于投资那些由少数族裔或女性创立的企业。正如贾里德解释的那样,他在研究中发现,由少数族裔或女性创立的企业更难获得资金支持,这类企业要想取得成功,必须战胜更大的挑战。

起初,贾里德很难筹集到资金。但他最终成立了一只价值4 000万美元的风险投资基金,这让哈莱姆资本合伙公司有可能实现在未来20年投资1 000名各种各样的企业创始人的目标。2021年,哈莱姆资本合伙公司成功筹资并成立了第二只风险投资基金,该基金的规模为1.34亿美元。后来贾里德从哈佛商学院毕业,在撰写有关哈莱姆资本合伙公司的商业案例时,他对我说:"人们认为投资于各种各样的企业是不可能的,但我们打算用实际行动来证明这种想法是错误的。"[7]事实上他们做到了。

我的另一位学生蒂法妮·范(Tiffany Pham)同样渴望为社会做出贡献。蒂法妮的祖母是越南的一名企业家,她经营报纸业务,拥有多家企业,是越南第一批会开车的女性之一。蒂法妮追随祖母的脚步,在娱乐圈开创了自己的事业。

2014年,《福布斯》将蒂法妮评为媒体届"30位30岁以下有影响力的人物之一",她的人生从此发生了改变。在《福布斯》发布这则消息后,蒂法妮收到了大量刚刚开启职业生涯的年轻女性的邮件,她们希望得到一些建议。在回复这些邮件的过程中,她意识到有抱负的年轻女性都非常渴望得到建议和机会。于是,蒂法妮决定创建一个平台来提供这些资源。她自学并编写了初始网站代码,这个平台就是Mogul,现已成为一个向全球女性提供教育和资源的社交媒体平台。Mogul创建了一种获利颇高的订阅式商业模式,将寻找多元化人才的雇主与数百万潜在求职者联系起来。蒂法妮的客户包括数家世界上最大的公司。

这些案例表明,目标驱动型公司不仅以潜在利润为基础,还以更广泛的使命为动机。"目标驱动"是通向成功的道路,人们在职业生涯的各个阶段都可以将这一观念铭记在心并付诸行动。

最佳可持续性

同样的问题竟然发生在全球最大的公司之中,联合利华的前任首席执行官保罗·波尔曼(Paul Polman)就是一个典型的例子。联合利华是全球最大的日用消费品公司之一,它旗下有400多个品牌,包括本杰瑞冰激凌、多芬清洁产品、好乐门蛋黄酱、家乐汤、立顿茶等,联合利华还是全球最大的肥皂生产商。

波尔曼说:"气候变化和不平等问题是亟须解决的两项最大的挑战。[8]要知道,每当你污染空气或向空气中排放碳时,就会有人走向死亡;每当你浪费食物时,就会有人饿死。这是我们共同的难题。我们生活在同一个地球上,如果我们找不到与同胞和睦相处的方式,这些问题就不会得到解决。[9]"

联合利华每年都会发布年度报告,其中包括公司在解决社会上的一些重大挑战性问题方面取得的成就。[10]该报告声明了联合利华的承诺：改善全球数十亿人口的健康和卫生状况、拯救环境、创造更具包容性的商业机会以及赋予女性权利等。

联合利华的计划和行为并不是做慈善。它利用可持续发展目标来使自己发展壮大，并在这个过程中与客户、员工建立了更紧密的联系。在波尔曼的任期内，联合利华的股价翻了一番。正如该公司在其官方网站上写的那样："我们早就知道，业绩增长与可持续发展并不冲突。"[11]2018年，联合利华旗下的可持续生活品牌都是公司在追求上述目标的道路上遥遥领先的品牌，其业绩增速比公司旗下的其他品牌快69%。[12]这些可持续生活品牌并不是公司为了地球的利益而推出的牺牲品，而是推动公司走向成功的改变者。

2019年，该公司首席执行官乔安路（Alan Jope）说："诸多令人信服的证据表明，有目标的品牌会得到发展。目标能为品牌创造相关性，能提高品牌的知名度和普及率，还可以降低价格弹性。事实上，我们坚信这一点，所以我们保证将来联合利华旗下的每一个品牌都是有目标的品牌。"[13]

不要一味逐利

雷尼尔、贾里德、蒂法妮和波尔曼的故事说明，尽管他们身处不同的行业，处于不同的职业生涯阶段，做着不同的事情，肩负着完全不同的使命，但他们的根本目标都是改变人们的生活，这就是我如此热爱商业及其诸多可能性的原因。社会的快速发展使人类的生活得到了彻底的改善，我们能够旅行、交流，甚至品尝来自世界各地的各种各样的食物，这些都是不可思议的。这是因为商业能够为那些我们自己都没有意识到的问题提供解决方案。从治愈疾病到简单推出一款全新口味的咖啡，商业为我们提供了超乎寻常的东西。

实际上，许多企业追求的远不止利润，它们还致力于解决社会问题、改善不平等、拯救气候以及消除贫困。它们这样做的原因是，企业中的每个人都希望每天早上醒来时，相信自己是在为世界做有益的事情、为他人创造机会，而不仅仅是为了自身利益。正如我之前提到的，他们这样做的另一个原因是让企业可持续发展。

米尔顿·弗里德曼认为企业最核心的责任和关注点是获利，而不应关注利润是如何产生的。这个观点是由当时的时代背景决定的。在冷战时期，他的目的是告诉人们，开放、自由的市场模式远优于苏联的政府干预模式。他担忧的是，一旦允许管理者追逐利润以外的东西，腐败就会滋生，管理者会趁机以损害投资者的利益为代价中饱私囊。

弗里德曼甚至担心解决问题的方法比问题本身更糟糕。如果任由管理者在做决策时考虑社会福利，那么市场运作过程会为政治所用。向计划经济转变会导致政府控制稀缺资源的分配、破坏自由竞争、打破私有制，也会导致个人自由难以实现。

对于弗里德曼的这些顾虑，我深有体会。20世纪80年代至90年代，我在希腊长大，那时政府严格控制着企业。这使得经济和公民福利遭到严重破坏，我也看到了弗里德曼所担心的许多事情。但弗里德曼的观点是基于一系列假设的，这些假设要么随着时间的推移而发生变化，要么被证明是错误的。

50年前，企业的行为几乎不为外界所知，并且外界无法获取股票价格以外的其他信息。即使员工或顾客更偏好那些做善事的公司，他们也没有渠道来表达这种偏好。因为那时候，业界没有这方面的信息披露。如今，我们正在构建社会问责制结构（例如本书后面提到的ESG指标以及影响力加权会计），以便观察、跟踪和分析这些公司的善举。

如果没有这些数据，人们就会认为使命导向型公司是在以营利为目的进行交易，而在一个功能完备的市场中这些公司将会倒闭。但现在有了相关数据，我们可以看到，使命导向型公司通常不会失败。事实上，真正为社会创造价值的企业会运行得更好，而且其效益只会随着时间的推移越来越好。这也是为什么共益企业［由名为"共益实验室"（B Lab）的非营利性机构认证的小型组织，我会在第二章详细讨论］以及像联合利华、纳图拉那样的目标驱动型大企业逐渐兴起。

另一组假设是功能完备的市场不会受外部影响，买卖双方之间不存在信息不对称的情形，企业没有能力掌控政治进程或影响政策、价格和监管。这些已普遍存在了几十年的假设，现在被证明是错误的，而且误信这些假设所产生的代价不断增加。比如，环境恶化已经失控，不同经济背景的群体之间始终存在机会不平等，贫富差距不断扩大，心血管疾病和糖尿病等慢性病的发病率不断上升，等等。这些问题并非跟商业毫无关系，而曾经假设这些问题跟商业毫无关系的理论也是错误的。

如今，由于没有统一的碳税，大约只有20%的温室气体排放是存在某种形式的排放代价的。从影响能源定价的石油和天然气公司，到影响银行业法规的金融服务公司，再到影响药物定价的制药公司，它们在政府体系中的确拥有很大的影响力和权力。至少在美国，在黑钱和筹集选举经费的问题上，政治体系显然会被那些颠覆人们思维的方式影响。

对于陈旧的思想，我发现一个明显的弱点就是假设一家公司只存在两类人：一类是领导公司的首席执行官，另一类是谋求利润的投资者。这是一种过于简单的观念。事实上，很多人虽然不是首席执行官，但仍然十分在意公司的发展方向。人们从各个层面进入商界，正如我的学生所坚持的那样，他们认为自己可以有所作为，可以为市场创造价值，并按照自己的价值观生活。

不幸的是，这些历史假设所遗留的问题，让那些不只关心眼前利润、心怀志向的人感到担心，他们在想自己会不会看起来比较弱势或软弱，或者自己会不会无法接受市场现状。我在和学生以及应届毕业生交流时，始终会提到这个问题。我之前有个学生在一家非常成功的公司工作，她告诉我，在为客户提供建议时，她不愿说出公司如何更有效地改变世界、如何提供更好的产品、如何考虑更大的社会问题等,因为她担心客户会认为自己另有所图。

她试图克服这种纠结的想法,但仍然觉得自己应该像迈克尔·道格拉斯(Michael Douglas)在《华尔街》中扮演的角色戈登·盖柯(Gordon Gekko)那样,相信"贪婪是好的"。她认为,自己如果被其他事情分了心,就注定会被淘汰。在跟她交流的过程中,我没有反驳她。相反,我问她,那些试图阻挠她做正确事情的人,是否正是她周围的成功人士,或者正是她在工作中崇拜的人。

关于这个问题,我们都有思考。我们都认为那些否定行善想法的人,那些因为顾忌他人的工作所产生的社会影响而贬低他人的人,那些纯粹贪婪的人,通常不是一个组织中表现得最好的人。这些人不是我们想要学习的对象,也不是我们合作过的工作效率最高的人。

因此,问题不在于我们如何忽视"软问题",如何不再烦心我们对世界产生的影响。相反,关键在于将这些问题转变成挑战。我们可以通过不断进取,找到对应的解决方案。如何让实现多样化不再是一句空话,而是像哈莱姆资本合伙公司那样利用它创造附加商业价值?如何把环境问题、道德原则、更加广泛的产品获取渠道等转化为增长机会,并借此推动新产品和新市场的出现,而不是将其视作我们必须克服的障碍?

当我们把目标和利润结合起来考虑时,这些问题就相当重要了,而且答案就能决定一家公司的成败。在接下来的章节中,我将从如何才能取得商业成功入手,具体说明这些问题。

业务扩展

2019年8月,由包括苹果、沃尔玛、亚马逊、美国运通、英国石油、埃克森美孚、高盛等公司的领导者在内的181位全球顶级首席执行官组成的商业圆桌会议发表了一封公开信,信中驳斥了"企业的业务仅仅是为了追逐利润"这一观点,并且这些公司承诺会为客户、员工和国家创造价值。

公开信中还说:"我们提倡多样、包容、尊严与尊重。我们承诺与帮助我们完成使命的其他大大小小的公司建立良好的合作关系……我们尊重当地社区的人们,并通过坚持可持续发展原则来保护环境。"[14]

毫无意外,这并没有马上给签署这封信的公司带来任何巨大的变化,也没有马上给心怀目标的人带来便利。正如本书前言部分所说,促使这些改变发生并非易事。就在保罗·波尔曼因联合利华在可持续发展方面所做出的努力而受到全世界媒体赞扬的同时,另一家世界500强公司NRG能源的首席执行官大卫·克兰(David Crane)也公开承诺:到2030年,NRG能源的碳排放量会减少50%,到2050年减少90%。NRG能源是一家燃煤发电公司,也是美国第二大发电公司。克兰准备将煤炭业务产生的利润投资于可再生能源,并将NRG能源从全球最大的污染企业之一转变成绿色环保巨头。

2014年,克兰推出了此项战略,并用与保罗·波尔曼如出一辙的话说:"将来某一天,当我们老了,子女围坐在我们的身边,然后直直地看着我们的眼睛,眼神中流露出强烈的背叛感和失落感,低声对我们说,'你明明都知道……但你什么也没做,为什么?'"[15]

结果怎样呢?NRG能源的股价下跌,克兰在宣布实行环保举措后不到两年便被解雇,该公司回到了原来的污染之路,股价随之反弹。NRG能源尝试模仿联合利华,最终却成为人们热议的失败者。克兰在接受媒体的采访时说:"我努力为之奋斗的事情就是,将一家化石燃料公司变成一家环保公司,从而为气候治理做出特别的贡献。但我没有做到这一点,反而被解雇了。因此我传递了相反的信息,即你如果认为自己可以改变你的公司并因此获得回报,就大错特错了。"[16]

NRG能源的故事表明,商业尚未将世界转变成一个资本主义乌托邦。即便如此,商业圆桌会议发表的那封公开信仍然预示着商界会发生变化。如今,很难有一家成功的,甚至是不成功的公司愿意站出来说它们完全忽视前文提及的这些问题。就连NRG能源现在也在其网站上大肆宣扬公司在可持续发展方面取得的成功。[17]

人们可能会说,这样做只是为了公司声誉,但也不全是这样,公司声誉只是部分原因。将这些事情结合在一起的力量是强大的,以至于没有公司愿意站出来说这些问题无关紧要。在解决这些问题上起带头作用的公司,不只承认这些问题的重要性,还做了很多工作。它们逐渐意识到,这些问题正是成功的关键。商业圆桌会议发表的那封公开信说的是关乎企业生存的问题，不顾及社会利益的企业根本无法生存。事实上，越来越多的企业取得成功，是因为它们完全接受了这些问题，并对其优先考虑。

另外，透明的商业环境也起到了很大作用，公司没法儿像以前那样遮遮掩掩。但从某种程度上讲，透明度却走向了另一个极端，比如信息爆炸、背后的议论声不断。这意味着公司无法隐藏任何负面影响，即使公司在某个遥远国家的供应链出现了问题，人们也会发现。但在20世纪70年代，情况并非如此。过去几十年，唯一因为信息透明而遭到攻击的公司只有耐克，当时耐克被迫做出了有利于维护人权的巨大改变。而现在，因为我们的世界变得更加透明了，所以涉及上述问题的公司行为更容易被发现（我会在第三章进一步详细阐述这个话题）。

与此同时，社会越来越富有，公平对于个人来说变得越来越重要。人权越来越受重视，而不尊重人权所产生的代价也越来越大。在某种程度上，这是一个时代的问题。年轻人确实都很关心当今世界的现状。我曾跟一位企业领导者交流，他对ESG问题持怀疑态度，说自己是被迫采取相关行动的，因为如果他不这样做，手下的员工就会群起抗议。我在研究这个话题时发现，如果想让公司认真对待这些问题，那么各级员工可以发挥非常大的作用（我将在第二章对此进行详细阐述）。推动公司解决这些问题的人不是只有高管，而是全体员工。

专注于解决更大的社会问题，能给公司带来许多方面的好处，例如在公共关系、创新，以及有时被忽视的招聘和留住优秀人才等方面。公司应确保优秀人才充分关注公司的使命，并每天为之付出最大努力，尝试做到最好。

相反，没有使命和目标的公司最终会因为严重缺乏人才和发展动力而难以为继。关于这一点，我在工作中深有体会。我的工作不只是当一名教授和研究员，还包括创立一家咨询和技术公司，并与全球的商业领袖直接合作。激情和目标会推动公司创新，如果一切只是为了赚钱，工作就会变得空洞、乏味。只关注利润并不能让有才华的人怀着满腔热情追求自己的创业梦，反而会把他们困在狭窄的盒子里，使其一心想要逃离。

结果证明一切

这里涉及一个良性的可持续发展循环，这也是我将在后文继续谈论的重点。目标驱动型公司的发展情况更好，部分原因是这类公司可以通过各种有效措施，将可持续因素作为其拓展业务的驱动力，从而在产品和服务方面激发更多的创新和决策。另一部分原因是，关注可持续问题的公司会鼓励那些愿意投入精力且努力工作的员工。一个人全身心地完成工作使命和工作目标，通常需要付出很多，就像雷尼尔·英达尔，他离开了一家顶尖公司，而去承担了不必要的风险。与此同时，个人因此获得的好处也发生了变化。当一个人为自己每天所付出的努力感到自豪时，他获得的回报也会很高。

史蒂夫·乔布斯（Steve Jobs）在2005年的斯坦福大学毕业典礼上说："唯一能让你满意的就是从事自己认为伟大的工作，而从事伟大工作的唯一方法就是热爱你所做的事情。"[18]这就是为什么目标驱动力如此重要，以及为什么企业不应该一味逐利。

展望未来：新一代

在下一章，我将深入分析在过去50年里，人们的态度和行为是如何发生转变的，以及当代年轻人（也就是被我们称为"影响一代"的年轻人）是如何推动公司做出可持续发展方面的决策的。这一代人既是消费者，也是员工，他们都不愿意像过去那样忽视或接受不良公司行为，他们有着"多做一点、多贡献一点"的动力。与逐利相比，"企业还应有更大目标"的社会共识已经形成，这些因素共同推动当今世界发生许多变化。

第二章
"影响一代"的影响力

我的大多数学生都还小，因此不太记得那个时代。在那个时代，消费者和员工没有像现在这样多的选择。举一个简单的例子，我小时候在希腊长大，如果去市场上买牛奶，那么我只有一种选择——就是牛奶。如今，即便是最小的杂货铺，牛奶也有几十种，从传统的到有机的，从全脂、低脂、脱脂到杏仁奶、椰奶、燕麦奶，再到香草味、含糖或无糖牛奶，可谓琳琅满目。你如果觉得当地商店的种类还不够多，那么可以选择网购，基本可以找到任何你想要的东西。就算卖家没有在你最喜欢的社交平台投放以你为目标客户的广告，你也可以在购物平台找到想要的种类。

　　说到找工作，我记得以前是在报纸上看招聘广告，找工作的途径非常有限。如今，我们有领英，有涵盖不同行业或不同职业的在线求职平台、邮箱、脸书群等，还有方便人们放眼全球找工作的远程办公。此外，与上一代人相比，人们现在可以在入职前了解意向公司的相关信息，比如在Glassdoor等职场社区平台阅读员工的评论，或者凭借基本权限浏览公司官网和新闻，信息透明度非常高。

这些多样性选择使人们能够以前所未有的方式追求和表达自己的喜好，并使其消费行为和就业行为与自身价值观保持一致，而这在以前是根本不可能的。你如果关注环境保护，就可以选择购买具有环保意识的公司的产品，还可以争取进入同样注重环保的公司工作。如果一家公司关注某项特定目标，那么它可以通过社交媒体等向全世界宣布该目标，从而招募那些同样被这个目标吸引的客户和员工。

根据我从400多家大型组织的50多万名员工那里收集到的数据，目标驱动型公司，即那些在目标清晰的举措上取得高分的公司，基本上都比其竞争对手运行得更好。其经风险调整后的股票年回报率约为6%，其中部分原因可能是它们一直在吸纳更好的员工，而这些员工对自身工作有一定的目标，从而更加努力。还有部分原因可能是消费者看到了认同的信号，因此愿意与这些公司做生意或购买它们的产品，甚至愿意为此支付更高的费用。研究表明，目标与成功密不可分。在消费和就业方面，当前人们的行为更符合自身的价值观。

接下来我将通过以下四个明显的社会趋势来探讨消费者和员工的赋权情况（见图2-1）：

- 更多的选择。
- 公司行为的透明度（可见度）。

- 员工和消费者表达意见的机会。
- 价值（人力和社会资本）的重要性。与物质资源相比，价值的重要性日益增加。

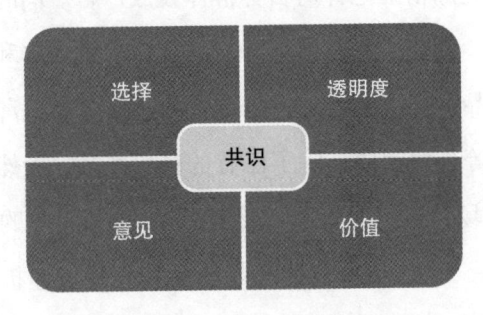

图2-1　四大社会趋势

本章将深入研究公司目标方面的数据，并展示上述趋势如何为公司带来回报。

选择与多样性：更多牛奶、牛仔裤和银行

1970年，美国市场上大约有4种牛奶、5种电视屏幕尺寸、16种矿泉水、160种早餐麦片以及339种报纸。到2012年，这些数字激增，市场上有超过50种牛奶、43种电视屏幕尺寸、195种矿泉水、4 945种早餐麦片以及5 000多种报纸。[1]当今世界，选择异常丰富，部分原因是全球化使物流和价格方面的壁垒减少

了，从而增强了世界各地分销产品的能力。科技不仅能让我们从遥远的地方购买需要的产品，还能帮助我们了解这些产品。互联网几乎消除了获取知识的成本，社交媒体让各类公司（即便是小公司）能够更加精准地针对目标群体投放广告。同时全球创业文化逐渐浓厚、创业成本总体下降、新客户开发成本和制造成本降低，因此产品种类大幅增加，消费者的选择更加丰富。

家乐氏等公司明白，除了已有的核心产品，天然食品和有机食品也有市场，这就是为什么家乐氏在2000年收购了卡诗，并将其发展为一个拥有90多种产品的品牌。爱彼迎扩大了用户的住宿搜索范围，为用户提供不计其数的独特住宿选择，用户还可以通过房东预约参与当地活动。

但是，选择不仅仅代表表面的偏好。在没有选择的情况下，消费者无法表达自己的偏好或做出可以影响公司的行为。如果唯一的选择是从一家糟糕的公司购买产品，那么无论你用何种标准来定义"糟糕"，顾客都会购买其产品。相反，无论哪类产品，如今消费者都有更多的选择来满足自身的特殊需求，例如产品的设计、品味，以及公司是否关注ESG等核心问题。这不仅向消费者提供了选择，还让消费者有能力与符合自身价值观的公司交易。

这就是为什么即使是在银行业等出人意料的行业，也有像Aspiration这样的例子。Aspiration是一家价值导向型银行，承诺成为"将客户和客户良知放在首位的新型金融合作伙伴"。[2]它提供具有社会意识的、可持续的资金管理，承诺用户的存款"不会投资于化石燃料的勘探或生产"，而是投资于那些具有社会意识的企业,并承诺将一定比例的银行收费用于慈善事业。

联合利华旗下的消费品公司七世代主要生产天然植物清洁产品,每年都向公众发布"企业意识报告",这表明了该公司对可持续发展的承诺。[3]七世代给了那些希望日常生活用品与自身价值观一致的消费者一个明确的选择。汽车公司特斯拉也发布了"年度影响报告"。[4]牛奶替代品公司欧特力大力宣传燕麦奶比牛奶的环保效果好,并在其网站的营养成分表中进行了说明,同时它声称与普通牛奶生产商相比,欧特力产生的温室气体排放量减少了80%,消耗的能源减少了60%。[5]这些公司尽最大努力来丰富消费者的选择,并让消费者将自身价值观与所购产品联系起来。

以百事公司为例,其前任首席执行官英德拉·努伊(Indra Nooyi)因推动公司朝着更加可持续的方向发展以及向消费者提供更加健康的食品和饮料,差点儿丢了工作。《商业内幕》报道,努伊通过"基于目标追求利润"来促使公司推出更健康的产品,而这却被嘲讽为"感觉良好的无稽之谈",被众多分析师取笑。[6]尽管如此,努伊却看到了未来,她认为世界正在朝着消费者关注的方向发展。在任期内,她通过将公司的发展方向转为生产更健康的产品,让公司股价翻了一番。[7]

这些只是众多案例中的几例。数据表明,公司的宣传公告确实对消费者产生了影响。当今社会,人们对不良公司的容忍度远远低于过去。也就是说,对于那些所提供的服务或产品对环境和社会无益的公司,人们的接受程度远低于过去。人们想要更有营养的食物,想使用不危害世界的产品,想要企业更多地关注社会问题。一项研究发现，如果让服装零售商盖璞的顾客选择，那么他们会选择带有"道德标签"的产品，而非那些没有类似标签的产品。通过在牛仔服装标签上添加关于在生产过程中减少水污染的相关信息，帝宁公司的销售额增长了8%，这一点在女性消费者身上尤为明显。一项调研发现，如果服装标签上带有公平劳工标准的相关内容，那么其销售额会更高。[8]

在一次活动中，我和全球领先的公关企业爱德曼的首席执行官理查德·爱德曼（Richard Edelman）都担任发言嘉宾。当时爱德曼指出，消费者越来越倾向于购买自己信任的品牌所提供的服务和产品，作为一个商人，我们要时刻谨记：顾客是明智的。《爱德曼信任度调查报告》显示，来自8个国家的半数消费者认为，企业从社会问题出发进行营销可以提高产品销量。[9]而且消费者想要的是实质性措施，而不仅仅是一种形式。这就是为什么现在很多公司都会在官网发布详细报告，并通过数据来支撑自己的价值主张，以及为什么这些趋势从过去持续至今并不断向前发展，而不只是昙花一现。

选择：不仅是消费者，还有员工

除了消费者，员工的选择也大大增多了。跟消费者一样，你如果准备找工作，但唯一的机会是为一个糟糕的雇主工作，那么你别无选择,只能接受。反观现在,求职者的期望越来越高,市场也提供了比以往更多的选择。许多学生告诉我,他们无法想象一份工作对他们来说只是一份工作。他们想要的不只是一份工作,还有成就感和目标,而且他们坚持认为,任何不把社会贡献放在首位的企业注定会落伍,也无法留住优秀员工,无法吸纳优质人才。

大家之所以会有这样的想法,部分原因来自这样一个事实:与过去相比,对现在的许多人来说,个人生活和工作逐渐混杂在一起。虽然我们可以在离开办公室后就放下工作,但基于远程办公、智能手机的应用以及当下的全天候工作文化等工作环境,工作几乎渗透我们生活的方方面面。许多公司为员工提供的福利则进一步模糊了工作和生活的边界,其中的代表就是科技公司,它们通常会为员工提供内部健身房、免费食物、通勤服务和社交活动,甚至还会在某些情况下为员工提供宿舍。一直以来商界都存在"公司城"的例子,比如19世纪伊利诺伊州的普尔曼市(为普尔曼公司的员工提供住房和便利设施),以及20世纪初位于宾夕法尼亚州的赫希镇。在这些将工作和生活场所混在一起的公司中,有些公司对员工很好,有些却远远没有想象中的那般好,但即使是在"公司城"理念在美国大受欢迎的那段时间,这类公司也只容纳了大概3%的工作人口。[10]而如今,更大比例人口的工作与生活的边界模糊到令人难以置信。

National Car Rental公司发布的一份报告就这一趋势给出了意料之中的数据:65%的受访者表示,划清工作和生活的界限是不现实的。报告还指出，员工平均每周有将近四天会在下班后回复与工作相关的邮件，每周会有三天在家接听工作电话，也会在办公室接听私人电话或处理私事，这基本都是常事。除此之外，商务旅行已经演变成现在所谓的"休闲"旅行，61%的受访者将休闲活动纳入商务旅行，50%的高管将商务旅行扩展为休闲旅行。[11]

以上这些意味着当员工在办公室时，他们不能把自己的价值观留在家里，他们期望找到跟自己的追求一致的雇主。幸运的是，如今选择变多了，大家都可以找到心仪的雇主。"创业革命"让越来越多的人才和资本流向敢于创新的公司，例如，从顶尖学校毕业后加入初创公司的工商管理硕士的比例，从十年前的个位数增长到了如今的25%以上。单从数量方面看，现在的资本更多，融资机会更多（受益于风险投资行业的发展），因此雇主也越多了。特别是与老牌巨头公司相比，发展速度更快、规模更小的公司更愿意接纳新的思维方式。

除了雇主总数增加，随着科技的发展，雇主的选择也增加了。经济全球化、欧盟边境的开放以及运输成本的降低，使得员工的流动性大大提高；远程办公使人们可以将居住地点与工作地点分离开来；互联网让人们能够很方便地发现工作机会，这在不久前是难以想象的。

在线招聘平台Indeed的每月访问量超过2亿次。据说，2016年美国国内通过互联网找到工作的求职者，有65%都使用了该平台。[12]领英在其网站上提供了2 000多万个空缺职位，每月在美国新增的空缺职位就有300多万个。[13]求职者不仅可以通过互联网更便捷地找到招聘信息，还可以借助互联网实现技能提升，从而拥有更多的职业选择。领英学习平台目前有1 700万名用户，该平台提供软件、创意和商业技能方面的视频课程，[14]不断推出线上和线下的编程指导训练营，帮助用户学习计算机编程等技能，2019年大概有2.3万名软件开发学员顺利完成了课程。[15]

员工流动性提高和选择增加所带来的结果是显而易见的，这不仅体现在我的学生所做的职业决定上，还体现在我自己作为一名企业家选择扮演何种角色上。我和其他投资者共同创立了一家战略和咨询公司KKS Advisors，该公司基于本书所讨论的ESG因素，努力帮助各大公司做出正确的长期决策。多年来，基于这一使命，我们的伦敦、波士顿和雅典的办事处吸纳了众多高技能人才。我知道这些人才原本有很多其他选择，他们本可以选择那些规模大、客户多并且能够为员工支付更高工资、提供更好发展机会的大公司。

正如我的共同创始人萨基斯·科桑托尼斯（Sakis Kotsantonis）所说："我们不可能在各个方面都有最好的营销宣传，但当涉及有意义的、目标明确的工作时，我相信我们可以与任何对手竞争。"萨基斯自己的经历就是最好的证明。他毕业于全球顶尖大学之一伦敦帝国理工学院，获得了工程学博士学位，毕业后他并没有继续从事自己熟悉的金属和燃料电池方面的工作，而是选择了一条需要耗费大量时间的、充满不确定性的职业道路。在离开国际商业机器公司和德勤后，他和我一起创立了KKS Advisors，这是一家致力于将可持续发展融入商业的专业咨询服务公司。萨基斯之所以这样做，是因为他想做些与众不同的、有影响力的事情。也正是因为他的热情，KKS Advisors在招聘和留住优秀人才方面拥有了实实在在的优势。因此，我们的各个办事处成功吸引了来自芬兰、西班牙、法国、德国、意大利、印度和美国的顶尖人才，这些人都在各自的工作领域追求着自己的目标，这也让他们有了一定的影响力。

透明度和信息：不良公司行为的可见度

选择之所以增多，主要在于两个方面：一是有关公司行为的可靠信息增多，二是此类信息的透明度提高了。例如，非营利组织共益实验室会对共益企业进行认证（共益企业是指在社会和环境绩效方面达到最高标准的企业[16]）。正如共益企业网站所解释的那样："社会层面最具挑战性的问题不能只靠政府和非营利组织来解决。共益企业社群致力于减少不平等、降低贫困水平、创造更健康的环境、构建更强大的社区以及创造更多有尊严、有目标的高质量岗位。"[17]

来自74个国家、150个行业的3 500多家公司已经进行了认证。这些公司既包括规模相对较小的企业，比如加拿大不列颠哥伦比亚省的网络服务公司Animikii，也包括像跨国食品集团达能这样的大型企业。达能旗下有达能酸奶、依云矿泉水、Silk替代奶制品等众多品牌，其年收入超过290亿美元，并且拥有10万多名员工。

众筹公司Kickstarter是一家以利他主义为使命的共益企业。根据美国最具影响力的商业杂志之一《快公司》的报道，几年前，这家公司的创始人认为公司已经达到了既定财务目标，接下来公司存在的原因有两个，一是继续创新，打造可以改善艺术家生活的产品，二是引领新一轮的公司治理运动。[18]这家公司有多个经营目标，除了追求利润，还有提高员工和用户的生活质量。2017年，《快公司》报道称，该公司向高管人员支付的薪水"低于员工平均工资的1/5，低于行业平均水平的1/95"，而且该公司在提高人才多样性方面付出的努力也比大多数公司多。如此一来，该公司的所有实习生几乎都来自同样致力于提高人才多样性的非营利组织。[19]

当共益企业这一概念刚出现时，几乎没人能想到它会成功。投资者会向那些公开宣扬自己追求利润之外的目标的公司投资，这种想法在之前想都不敢想，但直到共益企业这一概念出现，这种想法才有可能实现。尽管共益实验室面临巨大阻碍，但市场已经为此做好了准备，而且员工和消费者都渴望得到认可，希望自己为公司付出的努力是有价值的。

共益企业认证能够让企业做出关于ESG问题的承诺，这是一个重要的信号，许多人认为这很有意义。另外，当今世界还有许多其他方式可以检测和传播企业在这些方面的行为。而在过去，想知道一家企业如何应对这些问题是根本不可能的。当时连衡量的指标都没有，更别提要求企业公布其在ESG方面的绩效了。第三章将进一步探讨这些指标，这里我想强调的是，业界确实有了衡量指标，并且通过全球报告倡议组织和可持续发展会计准则委员会等组织，这些指标得以普及。这些组织致力于促使世界各地的公司高质量地披露其在ESG方面所做的努力。目前有成千上万家公司会公开其在ESG方面的数据。2011年，不到20%的标准普尔500指数公司进行了信息披露，到2019年，这一数据上升到将近90%。但凡有公司不披露，外界就会认为它在隐瞒什么。

这些衡量指标对公司良好行为的激励作用是很大的，这导致越来越多的公司通过多种方式来展示其良好行为，而不是掩盖问题。在第三章，我还会讨论公司不再掩盖秘密这一话题。由于报告要求逐渐严格、网络关注度提高以及社交媒体的广泛应用，公司无法像过去那样轻易隐藏环境污染、血汗工厂、童工和内部丑闻等问题。目前在大多数情况下，公司不会试图隐藏什么，而是想要分享信息并且自豪地公开信息，因为它们知道客户、员工和投资者很关注这些信息。

除了共益企业这一模式，许多组织还通过其他模式来表明自己对ESG问题的承诺，例如2012年在加利福尼亚州兴起的（美国其他一些州也采用了类似做法）社会使命公司模式。最高法院为管理人员在做出决策时考虑环境和社会问题提供法律保护，并要求公司章程阐明其在社会或环境方面的目标。世界各地还有许多类似的公司形式，包括意大利的社会福利公司、英国的社区利益公司以及加拿大不列颠哥伦比亚省的社区贡献公司。

那些没有参与共益企业认证或不愿改变其公司结构的公司，也可以通过其他方式来向市场表明其关注ESG问题。首先，这些公司可以停止根据季度收益指导（不同于季度收益报告）行事，这种做法提倡短期的、以利润为核心的运营思维，而不是围绕社会利益制定长期战略性目标。其次，这些公司可以采用所谓的综合指导框架，在定期与投资者的沟通交流中融入关于ESG问题的前瞻性信息，从而向公众有效传达公司的长期目标。最后，它们可以编写综合报告，例如国际综合报告委员会认可的那种报告，还可以将绩效指标与公司目标相结合，从而向现有内部员工以及未来的潜在员工表明公司对ESG问题的关注。

这些都是相对正式的途径，公司可以借此表明自己对ESG问题的承诺。除此之外，还有很多非正式的方式，其中最基本的方式是，消费者、员工和投资者只需要浏览公司官网就可以了解该公司的优先事项。从小公司到大公司，你可以随便选一家，在公司官网上就可以了解其社会使命和目标，以及公司在这些方面所付出的努力。很少有人会将威瑞森这样的电信服务供应商与"基于目标开展运营活动"这一理念联系起来，但该公司却在其官网上自豪地宣布："我们致力于打造低碳未来……我们致力于为未来经济中最缺乏竞争力的群体提供再培训和技能提升机会……我们支持邻里团结并为社区建设出一份力。"[20]

在过去，这样的公告可能会被指责是在分散公司对核心业务的注意力以及损害股东利益。虽然这些公告中不乏一些廉价言论，也就是"目标洗白"（这一点我稍后会说），但是现在几乎所有的公司都觉得有必要发布这类声明，这表明展示积极的社会影响已经成为关乎公司生存的问题。

声音与行动：消费者和员工的力量

有证据表明，消费者和员工对这些问题非常关心，不仅因为他们想知道公司到底在做什么，还因为ESG因素会让人们做出不同的选择。消费者和员工的这种积极行为在大幅增加。员工一直在为自己的权利而斗争，他们组织工会，寻求集体谈判，当要求得不到满足时就举行罢工。然而，提到罢工的工人，我们通常想到的都是处于社会底层的人：工厂工人、小时工以及那些选择和机会都有限的人。现在不同的是，采取行动的员工并不一定是处于社会底层的员工，他们不仅在乎自身工作环境，还在乎公司对待其他人乃至整个世界的态度和行为。

2019年，8 700多名亚马逊员工联名上书，要求公司在应对气候变化方面采取更积极的行动。[21]他们成立了一个名为"亚马逊气候正义员工"的组织，并组织了一场罢工，这迫使公司发布了《气候宣言》，承诺到2040年实现碳中和。在谷歌，越来越多的员工（通常是年薪达几十万美元的员工）联手促使公司在道德和环境方面采取进一步行动。2019年，《洛杉矶时报》深入剖析了科技公司内部存在的员工激进主义现象，报道称："在这种新的员工激进主义背景下,广大就业者就像关注自身工作环境一样关注其所在的价值数十亿美元的公司的社会影响。"[22]

并非只有科技公司才有这种现象。2019年,家具公司Wayfair的员工在得知公司向得克萨斯州一家政府拘留中心的承包商出售了价值20万美元的产品后,纷纷罢工。[23]

再比如制药巨头默克因为理解新一代员工对社会问题的关注,所以积极采取行动,从而成为一家值得员工信任的公司。2018年,当谈到公司在研发埃博拉疫苗时,默克的首席执行官肯·弗雷泽(Ken Frazier)告诉投资者:"为什么像默克这样的公司要研发埃博拉疫苗?埃博拉疫苗基本没有商业市场……不可能会有人立即为默克创造财富。但我可以告诉你,单从员工对公司这一举动的反应来看,这就已经为公司创造了巨大的商业价值。"[24]

弗雷泽继续说:"在我们的科学研究组织中,不可能有高管向该组织的科学家说,我们不会去做这件事,因为我们看不到能够吸引我们的市场潜力。我觉得这就是目标驱动型公司的行为。"[25]

员工不仅关心自己的工作环境,还关心公司的行为如何影响这个世界,以及公司的所作所为是否有利于解决社会问题。在某些情况下,员工的这种行为促使公司改变了策略或做出了不同的选择,而从公司的整个发展历程来看,公司因员工行为而改变决策的做法异乎寻常。保险巨头安泰的前首席执行官罗恩·威廉姆斯(Ron Williams)在接受财经杂志《石英》的采访时回应了员工对抗公司的行为,他说:"我无法想象20年前会发生这种事。"[26]

公司都知道,员工有很多选择,他们希望在工作过程中体现自己的价值。正如《洛杉矶时报》报道的那样，谷歌花费数年时间劝告员工"全身心投入工作"，但最终却导致员工激进主义行为爆发。[27]

我曾与谷歌的管理人员交谈，当他说到谷歌会在2020年发行价值57.5亿美元的可持续债券时，我感到很惊讶。这类债券承诺将所获收益专门用于解决环境和社会问题，例如减少能耗、建造经济适用房等。对于谷歌这种不需要有较高现金流动性的公司来说，发行这类债券特别奇怪。我以为他会说，之所以发行这类债券，是因为公司可以借此获得更好的交易机会，降低融资成本。然而他却解释说，这样做是为了员工，因为员工非常关心可持续发展方面的问题，所以公司不得不以公开的方式表明其在可持续发展方面的具体承诺，而不再考虑公司是否真的需要这笔现金。

在消费者方面，情况大致相同。2017年的"删除优步"运动就是一个很好的例子。那一年，当时的美国总统唐纳德·特朗普（Donald Trump）针对涉及恐怖主义的国家和地区实施国际旅行禁令，随后优步公司被指出在一场出租车罢工活动期间牟取暴利，这导致数十万司机放弃使用优步。[28] 后来该公司又发生了一起性骚扰丑闻，尤其是在前优步员工苏珊·福勒（Susan Fowler）写了一封公开信，批判优步的性骚扰和性别歧视文化之后，越来越多的客户选择离开优步，该公司首席执行官特拉维斯·卡兰尼克（Travis Kalanick）最终也因自身的丑闻而辞职。

新媒体机构沃克斯曾就消费者激进主义做过报道，指出"良知消费意味着更多人愿意购买自己认同的品牌，从而抵制不认同的品牌"。[29]一项研究发现，决定千禧一代购买什么、在哪里购买的最重要的影响因素是品牌声誉，30%的受访者倾向于选择能耗少的公司，30%的受访者倾向于选择给慈善机构捐款的公司，20%的受访者倾向于选择简化包装的公司，20%的受访者倾向于选择听取公众意见的公司。[30]尽管年轻人是这种激进主义的排头兵，但激进的不只是年轻人。沃克斯引用了康奈尔大学历史学家劳伦斯·格利克曼（Lawrence Glickman）的一句话："2/3的消费者每年至少会参加一次抵制活动。"[31]

价值转变：从实物资本到人际关系

最后讨论一个观点，那就是人力资源（以及人们对一家公司的印象）在资本市场上的重要性要比过去大得多。过去，一家公司的价值主要由实物资本和生产能力决定，也就是说，一家成功的公司能够以最有效的方式生产和分销其所出售的服务或产品，同时配置最好的机械设备以及规模较大的工厂。而如今，一家公司成功与否是由人的因素决定的，即员工的素质以及公司与客户的关系。

以前人们的选择少，可获得的信息少，也没有切实可行的途径来表达异议，而现在，公司再也无法像以前那样忽视与人相关的各种因素了。促使公司成功的驱动力已经转移，而商界体现了这种转移。现在驱动公司发展的不是有形资产，而是人才、企业的核心技术、外部社会资本等无形资产。以世界上最成功的公司之一谷歌和脸书来说，这两家公司的发展主要由人力资本驱动，而且它们也知道自己需要维持这种人力资本优势。这就是为什么谷歌和脸书通过做出改变或者至少承诺做出改变来迎合激进员工，这也是为什么沃尔玛在消费者提出抗议后宣布停止销售枪支弹药。[32]

过去，你如果比较市值（公司股票在市场上的总价值）和账面价值（清算后全部资产的总价值，包括实物财产、机械设备和存货），那么会发现公司的大部分市值反映了它的账面价值，大约80%的市值都与有形资产挂钩。而现在，这一比例反过来了，20%的市值与有形资产挂钩，另外80%则是无形资产，即随着时间的推移，公司的人力和社会资本逐渐增长（见图2-2）。谷歌之所以价值上万亿美元，靠的是社会资本、人力资本、员工、忠实客户以及知识产权，而不是运行网络的服务器或员工工作场所。

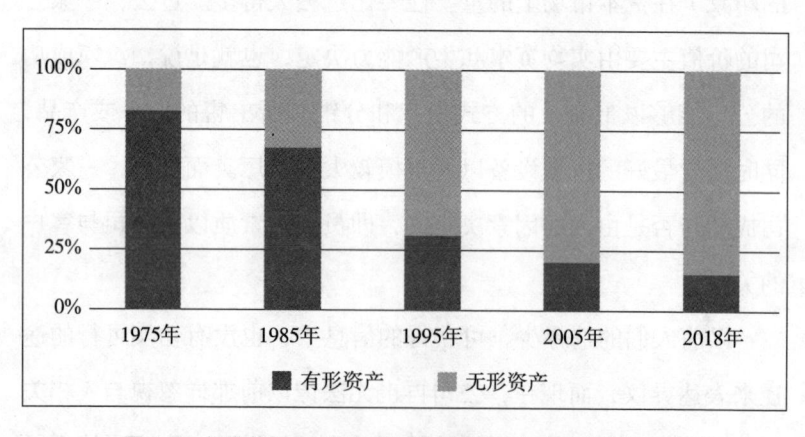

图2-2 标准普尔500指数公司的无形资产与有形资产的变化

随着时间的推移，这种转变让员工和客户掌握了主动权，他们能够更好地表达自己的意见、产生更大的影响、坚持自己的价值观和喜好，并且在向目标迈进的过程中展现了强大的力量。这些变化重构了一个全新的局面，在这种背景下，公司必须积极采取行动，并与想要雇用的员工和想要服务的客户在社会和环境问题上保持一致。事实证明，这对公司来说并不是一件坏事。有数据显示，公司基于目标导向所付出的努力是有回报的，至少以正确的方式向目标靠近是有回报的。

目标：真正意义上的区分点

对于一家公司来说，有目标是好事，但并不是高层领导发表一次激动人心的演讲或者在官网上发表一条使命宣言，就算是有目标了。这就是有些人说的"目标洗白"，即把目标时刻挂在嘴上，但实际上并没有将其融入整个公司，包括公司的激励措施、薪酬结构、招聘流程和客户体验等各个方面。卡罗尔·科恩（Carol Cone）在《快公司》的报道中表示："找到正确的目标很难，而且在寻找目标的过程中公司很容易出错。越来越多的公司都在追求目标，但并非所有公司都在追求真实的目标。"[33]什么是真实的目标？真实的目标不是在公司总部大厅的海报或公司网站上美言几句，而是所有员工都清楚公司的目标，有动力和公司并肩作战，而且公司有相应的激励作为回报。

沃顿商学院的克劳丁·加滕伯格（Claudine Gartenberg）和哥伦比亚大学的安德烈亚·普拉特（Andrea Prat）是本书的合著者，我们发现，在400多个公司的50万名员工中，公司的底层员工对公司目标持有相对较弱的信念（见图2-3）。当底层员工在工作中自觉寻找强烈的使命感和目标感，高层管理者明确公司目标，用实际行动践行公司目标并将其传达至公司中层时，公司的收益率会更高（见图2-4）。[34]

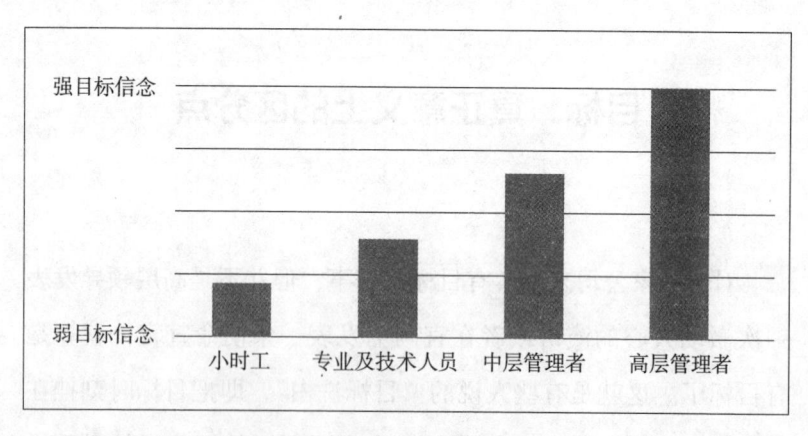

图2-3 各级别员工的目标信念程度

我们的研究说明了中层管理者的重要性，中层管理者是具体执行和实施公司战略和愿景的关键点。高层管理者可以讨论如何招聘多样化的员工以及如何随着时间的推移为这些员工提供职业发展平台，但如果中层管理者没有真正落实这些想法，那么一切努力都是白费。如果一家消费品公司决定推出更健康的产品，但却没有采取适当的财务措施来激励中层管理者开发和销售这类产品，那么该公司同样会失败。如果公司还在根据季度收益目标对这些想法进行评估，没有预算来创新或重新设计产品，也没有进行向客户传递新信息的营销投入，那么其成功的可能性极低。

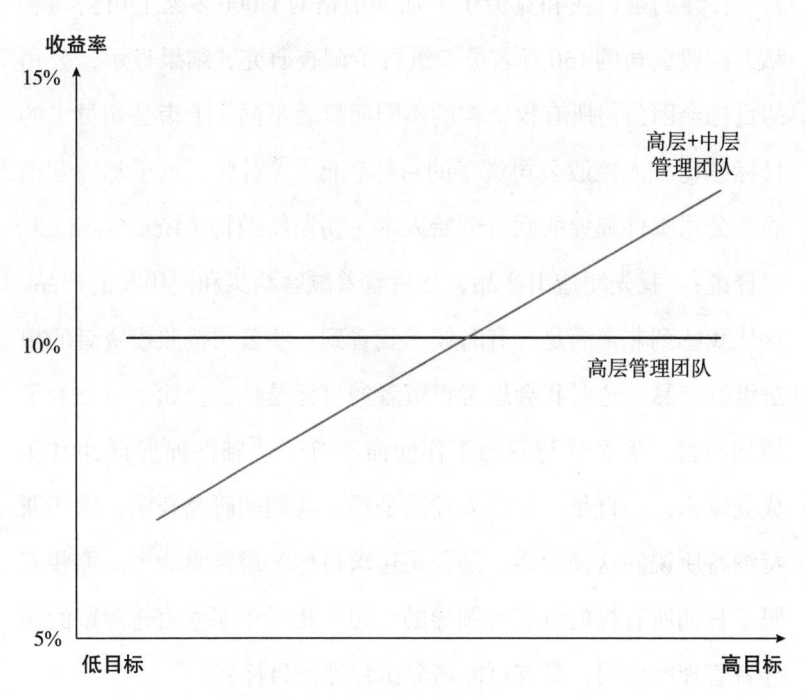

注：这里的收益率是指会计处理后的当前资产收益率。

图2-4　各级员工的目标感对公司收益率的影响

由此带来的影响值得我们关注。如果一家公司的中层管理者有较高的目标（"我的工作有特殊意义，这不只是一份工作""我对公司为社区做贡献的方式感到满意""当看到公司取得的成就时，我有一种自豪感""我自豪地告诉别人我在这里工作"等），并且十分清楚公司的目标（了解公司的发展目标以及如何实现目标等），那么这家公司未来会有更好的财务绩效和股票表现，每年股票价格大约上涨6%~7%。[35]

有趣的是，我和克劳丁·加滕伯格对1 000多家上市公司和私人控股公司的150万名员工进行了调查研究，结果显示，公司的目标会因公司所有权结构的不同而显著不同。上市公司员工的目标感比私人控股公司员工的目标感低。[36]对此，电子邮件营销服务公司邮件猩猩的联合创始人本·切斯特纳特（Ben Chestnut）解释说："我先制造出产品，然后看着顾客购买和使用我的产品，这让我感到非常满足。有时候，我看到一些公司按照投资者的想法设计产品，这时我会思考投资者的目标是什么。如果只是为了增加财富，那么这与我的工作使命不符。"[37]邮件猩猩自2001年成立以来，一直是一家私人控股公司。我们的研究表明，像切斯特纳特所说的这种承诺，是公司追求目标的重要驱动力。那些着眼于长期所有权的所有者领导的公司，相对于那些短暂停留的领导者管理的公司，更有可能培养出强烈的目标感。[38]

哥伦比亚大学的瓦妮莎·伯班诺（Vanessa Burbano）做了进一步研究，结果表明，公司的社会绩效与雇主吸引力之间存在正相关关系，社会绩效评级高的公司会吸引更多的求职者，这些公司能够以更低的酬劳招聘到心仪的求职者，而且求职者也会努力为公司工作。[39]这种情况在优秀员工的身上更明显。相对于低绩效的员工，高绩效的员工更能响应社会使命等问题，并且他们愿意放弃高薪而为有社会使命感的公司工作。

当然，公司想要招聘到合适的人才，需要付出相应的努力。因此，一个强有力的招聘流程至关重要，招聘流程要重点强调，公司需要的是那些把掌握技能放在首位的员工，以及对公司目标满怀热情的员工。多年来我观察发现，成功吸引高绩效、目标导向型员工的公司，更愿意在人才招聘和入职培训方面投入比社会平均水平更多的资源。公司要以实际行动，而不只是言语来展现自己寻找优秀人才的决心。

总而言之，无论是找工作还是努力达成高绩效，对于当代员工和消费者来说，也就是所谓的"影响一代"，目标很重要。过去，获利或亏损取决于公司在整体经济环境中的表现；而如今，获利或亏损取决于公司是否迎合了人们正在追求的价值观。

我们之前说透明度是员工和消费者了解公司行为的一个要素，但这个话题值得进一步讨论，尤其是与上一代相比，公司丑闻在社交媒体时代更加藏不住了。下一章我们将讨论为什么新环境下的一个重要部分是缺乏秘密以及公司丑闻如何大白于天下，以至于公司如果不仔细审视自己在整个经济环境中的所作所为，就无法健康发展。此外，我们还会研究ESG方面的相关指标，这些指标便于投资者和公众了解公司行为。

第三章

透明度与问责制：公司毫无秘密

如果你在推特上搜索"公司丑闻",那么页面上肯定会弹出一些新闻。我在写本书的某个早晨就搜索了一下,发现有篇文章说,两家领先的汽车制造商在50年前就知道它们所造汽车产生的碳排放会导致气候发生变化。还有新闻说一家澳大利亚建筑公司行贿10亿澳元;一家德国电子支付公司承认虚构了20亿欧元,这一会计欺诈行为长达近10年。如果当时我继续搜索,那么肯定还有很多这样的新闻。在上个时代不被注意、没被报道和没被公开的事情,现在你只要点击鼠标就知道了。就算是在某个遥远的地方发生的事情,只要有人用手机拍张照片,在脸书上写几句话,再偷偷录个视频,整件事就会像病毒一样传播开来。然后报纸再报道一番,这件事不知不觉就搞得全球皆知。我如果知道哪些事情是很多人会关注的,就可以用不同的方式,轻轻松松地把这些事情扩散出去,而且还不花一分钱。

每当看到与公司一举一动有关的信息越来越多,我就会想起自己和全球报告倡议组织的联合创始人艾伦·怀特(Allen White)的一次谈话。全球报告倡议组织花了近25年的时间制定了可持续发展报告标准，并在全球进行推广，以帮助企业披露其对社会的影响。该组织围绕可持续发展目标构建了通用的规范与标准，这提高了全球企业的透明度。

怀特在"埃克森·瓦尔迪兹"号油轮漏油事故发生后创立了全球报告倡议组织，希望借此鼓励公司首先关注环境问题，然后在社会、治理和经济方面形成更加明确的问责机制。怀特希望所有人都能对公司行为拥有更大的发言权。因为存在财务会计准则，所以股东和投资者始终拥有发言权，能够获得所投资公司的财务信息。而我们这些局外人根本无法获取有关公司行为的数据，也没有切实可行的了解公司行为的途径。因此，大众没有发言权，无法表达对以某种方式行事的公司的偏好，因为大众根本不了解情况。你如果没有信息资源，就无法做出明智的选择，在这种情况下，你的自由表达权是受限的。

如今却不一样了。在20世纪90年代，关于耐克"血汗工厂"丑闻的报道不断。当时，人们突然开始关注工厂状况，而现实情况使人们感到震惊。很多人现在依然对耐克当年的丑闻记忆犹新，因为在很长一段时间里，这是唯一一个进入公众视野的丑闻。而现在，大家只要翻开报纸，就能看到类似的甚至更糟的丑闻。本章将讨论在信息爆炸的今天，人们必须怎么做才能让这些信息有意义。我将讨论相关指标和标准，最后还会讨论这些新的衡量标准是如何重新定义商业成功的，以及它们如何促进良性循环的形成。在该良性循环中，人们知道的越多，关注的就越多，公司的行为就越好，从而反过来对公司业绩产生积极影响。

仅靠信息是不够的

今天，对于因丑闻而登上新闻头条的公司，仅靠一时的报道是不够的。随着信息来源日益多样化，我们能依靠的不只是媒体的新闻头条，还有数据。如今，成千上万家公司都在公开其在ESG方面的信息。除了公司自己发布的报告，相关研究人员也在系统地收集财务数据和传统指标以外的其他数据。

在第四章，我会详细讨论一项关于公司应对新冠肺炎疫情的研究。在这项研究中，我和同事根据情感评分，使用11种应用于全球数千个新闻的自然语言来处理数据，以此确定媒体对特定公司的报道是正面的还是负面的。例如，负分通常代表裁员、不提供带薪病假等方面的新闻；而与保护员工安全有关的新闻通常都是正面报道，因此这类公司的情感得分是正分。

这项研究只是众多新兴数据收集技术中的一个例子。通过处理几乎不可能大规模手动收集的信息，我们不仅能获得更多数据，还可以洞察公司的一举一动。也就是说，无论是财务信息、公司逸事还是情感评分，这些信息都只能反映眼前的情况。只有获取数据背后的意义，我们生成信息的能力才算派上了用场。比如，如果我告诉你，我体内有250亿个红细胞，那么你如何在没有参考基准的情况下解读这一信息？一个正常人体内的红细胞数量是比250亿个多还是少？多与少又有什么关系或有什么意义呢？250亿个红细胞听起来很多，但我告诉你，每个成年人体内平均有25万亿个红细胞，而跟25万亿的千分之一比起来，两者之间的差异可是相当有意义的。

报告和透明度

在过去很长一段时间里，没有人研究公司在环境或社会影响方面做了什么。事实上，有很长一段时间，大众对公司的财务信息几乎一无所知。直到20世纪初，美国才提出财务报告这一说法，到20世纪中期，大众才强制要求公司提供财务报告。我们现在习以为常的有关公司销售、资产和财务方面的信息，即便是当时最大的公司也不会公开披露。那时有人建议制定会计准则来对比不同公司的财务表现，许多评论家对此提出了反对意见，他们认为通过某种方法来计算所有公司的收入或资产是不可能的，况且这种信息透明度会让许多公司失去竞争力。但事实证明，这些评论家是错的。实际上，正是因为建立了财务问责机制，公司和资本市场才得以繁荣发展。

在过去的一个世纪里，标准财务报告的范围已经不再局限于资产负债表、损益表和现金流量表，还囊括对数据的讨论和分析、说明类资料以及有关公司未来目标的信息。但对许多人来说，这还是不够，尤其是现在，公司在会计原则以及报告内容的范围这两个方面，有很大的灵活性和自由裁量权。

关于围绕ESG因素进行报告的想法，最初也遭到了类似的质疑。虽然有人认为信息透明会推动公司良好行事，但其他人（包括国际会计准则委员会的负责人）认为，发布可持续发展报告跟公开高管薪酬的结果一样：偶尔会成为新闻头条，但并不会给商界带来实质性的改变。

1984年美国联合碳化物公司在印度的天然气泄漏事件（通常称为"博帕尔灾难"）和1989年在阿拉斯加发生的"埃克森·瓦尔迪兹"号油轮漏油事件等轰动一时的灾难发生之后，这一趋势开始转变。这一系列悲剧的发生，至少在一定程度上是因为管理层忽视了健康和安全问题。1995年，荷兰皇家壳牌集团因被指控侵犯人权而遭到抨击，当时该公司试图通过成为率先发布企业社会责任报告的大公司之一来弥补损失，而且在1998年第一次这样做了。虽然其他公司都在效仿，但只要没有真正的标准，所谓的"洗白"现象，即公司在确定报告内容时只精选对自己最有利的数据，仍会层出不穷。

事实上，在考虑信息透明是否会改善公司行为时，很难说这两者之间有什么因果关系。行为不佳的公司可能不会对外披露信息，而自愿披露信息的公司也可能只选择对自己有利的信息进行披露。因此，我们需要建立可比性和基准，即公司披露数据的方式是否合理，不同公司之间可否进行比较，能否让人们了解公司行为是不是有意义，以及这种行为是好的还是坏的。

关于这些问题，我在研究中从两个方面进行了分析。一方面是问责制——人们了解了信息，公司就会有更好的行为吗？另一方面是价值相关性——了解公司在ESG方面的表现，能否为人们提供对未来有用的信息，且这些信息能够帮助人们在只看财务指标的情况下，增加对公司的了解吗？对于这两个问题，我们可以逐一来看。

问责制：自愿与强制

无论在哪个大都市，经常看当地新闻的人肯定会时不时地看到关于餐厅卫生不达标的报道，比如在夜幕降临后快餐店的窗户上有老鼠爬过。2010年，纽约市推出了餐厅评级计划。根据该计划，每家餐厅都必须在窗户上张贴代表其最新卫生检查得分的字母等级（A、B或C）。[1]这是一个很好的强制公开数据的例子。有了该计划，餐厅别无选择，不可能"洗白"。基于这种情况，我们可以问一个问题：仅靠披露数据就可以改变结果吗？

在上面这个例子中，仅靠披露数据是可以改变结果的。对比强制要求张贴字母等级之前的三年与之后的三年，评级为A的餐厅增加了35%（全市范围内沙门氏菌食物中毒率平均每年下降5.3%[2]）。另一项研究表明，如果客户收到自己和邻居的能源消耗对比数据，那么该客户的能源消耗量会有所减少。

相反，医疗报告卡并没有对患者的选择产生明显的影响，公司并没有因为被要求披露有毒气体的排放数据而采取重大改善措施。由此可见，仅靠披露数据可以提高绩效，但情况并非总是如此，这件事的关键是以低成本让公司改变行为。清理餐厅厨房的工作虽然不是一件小事，但如果餐厅张贴的卫生等级较低并因此流失顾客的话，餐厅就会做好厨房的清理工作。通过调整整个生产过程来减少有害排放需要我们付出更大的努力，这就是为什么我们如果想让企业在排放方面做出改变，那么不仅要采取强制性披露措施，还要做好其他工作。

在过去的十年里，很多国家开始强制要求公司出具关于ESG的报告。我和同事在研究中发现，有了这些强制性要求，公司在信息披露和透明度这两个方面有所改善，不少公司在ESG方面的表现也有所提升。我们还发现，当这些关于信息披露的规定颁布后，尚未披露相关信息的公司出现了股价下滑的情况。这是因为投资者认为，有好消息的公司都在分享好消息，而没有分享任何信息的公司肯定有所隐瞒。因此，这些强制性要求确实达到了其原本的意图，使公司无法隐瞒任何秘密。

价值相关性：一个有意义的问题

在早期的ESG报告中，研究人员提出了一个复杂的假设，即透明度是否不仅可以通过问责制而给公司带来更好的绩效，还可以通过提供有关信息来帮助人们更好地预测公司未来的绩效？换句话说，财务信息真的是一个滞后的指标吗？在某些可持续性指标上表现得更好的公司，将来在可持续性以及整体财务绩效方面是否也会表现得更好？

带着这个问题，琼·罗杰斯（Jean Rogers）于2012年成立了可持续发展会计准则委员会。该组织致力于制定和推广特定行业的可持续发展标准，它认为与某个行业的财务绩效有关的或对某个行业来说重要的可持续发展行动，并不一定对所有行业都重要。例如，随着数字化进程加快，对商业银行来说，数据隐私问题越来越重要。商业银行的收入增长受客户信任的影响，新的监管要求和潜在的法律纠纷会影响商业银行的经营成本。就农业公司而言，气候变化让干旱和水资源短缺问题更加严重，从而对这类公司的生产能力和产品销售能力造成了影响（后文的表3-1反映了这两个行业在这方面的差异）。

美国证券交易委员会依据美国最高法院的相关要求，对"重要性"的定义是"重新披露之前被遗漏的事实，很可能会被理性投资者视为显著改变了可获得的整体性信息，那么这些被遗漏的事实就具有重要性"。琼希望创建一个框架，以此决定每家公司应该向投资者披露哪些可持续发展指标。[3]

2011年初，当第一次和琼谈论关于成立可持续发展会计准则委员会的想法时，我认为这个想法很棒。制定相关行业标准可以减少公司的"洗白"行为，还可以提高可比性，并向世界各地的投资者表明，他们应该要求公司提供其之前遗漏的某些重要信息。我们认为在这个过程中，投资者才是真正起作用的那一方。

如果投资者坚持要求披露信息，那么公司会因为担心拿不到所需的资金而按要求披露，除此之外别无选择。

可持续发展会计准则委员会的成立改变了游戏规则，它取得了巨大的成功。从2012年到2014年，我在该委员会中参与相关标准的制定工作，这让我意识到想要改变现状是多么困难。监管机构并没有采取实质性措施来帮助琼和可持续发展会计准则委员会，公司高管则认为投资者不一定会关注这些标准。而事实证明，一旦我们制定了可持续发展标准，人们就会关注。数百家公司同意采用我们的标准，包括通用汽车和捷蓝航空这样的大公司，这很快引发越来越多的投资者要求其投资的所有公司都披露这些信息。根据制定的各项标准，我们又有了一个有意义的发现，即我们可以对各家公司进行比较。如此一来，公司再也找不到任何借口说可持续发展是主观的、不可计量的或无关紧要的。

ESG因素对财务绩效的积极影响

在可持续发展会计准则委员会成立之前，许多人试图弄清楚ESG因素所带来的影响，以及公司做善事是否真的等同于经营良好。直到明白不同的行业有不同的重要因素，我们才真正知道到底要衡量什么。我们把这些因素分开来看，对重要的ESG因素的表现进行分析，观察其是否会对公司未来的财务绩效产生影响，而结果出乎意料：公司在ESG方面的实质性措施，对其未来的财务绩效有显著的预测意义。

在作为研究样本的2 300多家公司中，那些在与所属行业有关的重要的ESG问题上采取了措施并对其改进的公司，都取得了不错的运营成果，甚至每年的绩效比竞争对手高出3%以上，这个数字已经非常可观了。而且我们还发现，那些在与所属行业相关但不重要的ESG问题上采取措施的公司，其绩效与竞争对手相比几乎没有差异。这表明，公司需要深入了解哪些ESG问题会影响自己的竞争力，以及如何高效集中力量来对此加以改善。

事实上，不同的行业面临着截然不同的重要问题。如表3-1所示，你可以根据可持续发展会计准则委员会的问题分类，将金融行业与农产品行业进行比较。商业银行需要关注的问题包括数据隐私、为资金不足的人群提供融资服务、在提供银行贷款时考虑环境风险，以及采取强有力的反腐措施来避免洗钱和市场操纵，但对于农产品公司而言，这些问题对它来说几乎没有影响。相反，农产品公司必须考虑温室气体排放量、水资源管理、员工的人身安全，以及气候变化带来的与农作物相关的风险与机会。公司只有将重心放在对自身来说重要的ESG问题上，才能使努力有结果，而不是付之东流。[4]

表3-1 影响金融行业与农产品行业的ESG问题对比

分类	一般问题类别	商业银行	农产品公司
环境	温室气体排放		√
	空气质量		
	能源管理		√
	水资源和废水管理		√
	废物和危险材料管理		
	生态影响		
社会资本	人权和社区关系		
	客户隐私		
	数据安全	√	
	便利程度与费用可承受度	√	
	产品质量和安全		√
	客户福利		
	销售实践和产品标签		
人力资本	劳工实践		
	员工健康与安全		
	员工参与度、多样性和包容性		
商业模式与创新	产品设计和生命周期管理	√	
	商业模式弹性		
	供应链管理		√
	物料采购与效率		√
	气候变化的物理影响		
领导力与治理	商业道德	√	
	竞争行为		
	法律和监管环境管理		
	重大事件风险管理		
	系统性风险管理	√	

2013年，我和牛津大学的鲍勃·埃克尔斯（Bob Eccles）写了一篇发人深省的文章——《金融服务行业的可持续性与环保无关》（Sustainability in Financial Services Is Not About Being Green）。我们这样写并不是说银行不应该注重环保。实际上许多银行的工作重点都是减少其建筑物的碳排放量和通过更换传统的白炽灯来提高能源利用率，这令我们很沮丧。虽然这些做法值得赞赏，但是它对银行界和世界的影响是微不足道的。对银行来说，更重要的是关注以下三个方面的决策对环境的影响：融资活动、发放贷款以及为了避免出现金融危机而进行的风险管理。

在我们得到结论之前，研究人员用了40多年的时间来探究ESG因素与财务绩效的关系，但他们得到的结果是相互矛盾的。从1972年到1997年，学术界发表了120多篇关于这一主题的研究论文，但业界并没有达成共识。我和鲍勃以及伦敦商学院的扬尼斯·约安努共同开展了一项研究，对180家公司进行了分析。研究表明，那些在20世纪90年代早早采取ESG措施的公司，在之后的15年里，表现优于竞争对手。但我们还无法确认这一结果是否适用于其他公司，以及我们是否可以通过该研究结果来确定哪些项目具有投资价值。

为了验证这一点，我们做了进一步的研究。用可持续发展会计准则委员会制定的标准来指导工作，会使ESG因素与财务绩效的关系一目了然。你如果想在未来取得成功，现在就必须做这些事情。在我们发布研究结果后不久，瑞士信贷和罗素投资也公布了类似的研究结果，洛克菲勒等资产管理公司在其投资组合中也发现了类似的情况。

多伦多大学的乔迪·格雷瓦尔（Jody Grewal）、牛津大学的克拉丽莎·豪普特曼（Clarissa Hauptmann）和我共同开展了另一项研究，对1 300家公司进行了分析。该研究表明，对重要的ESG问题进行信息披露，有助于公司将自己与竞争对手区分开来，从而使投资者更好地了解公司独特的竞争优势。[5]

我们的研究表明，像"你当然应该善待员工、保护环境、促进多样性、依据道德行事"这样的主观要求是永远得不到满足的，这一看法也引起了人们的共鸣。最终，关于良好公司行为的新分析方式应运而生。企业高管不再抵触可持续发展会计准则委员会制定的标准以及由此产生的数据，也开始讨论到底怎么做才能更好地服务社会乃至整个世界。投资者开始要求公司给出答案，因为他们知道，这最终会影响他们的投资回报。

商界的方方面面都因此受到影响。2019年，我跟一家大型化工公司的首席财务官进行了交谈。他说在两年前的投资者路演中，根本没有人问过任何与ESG有关的问题，而现在，至少50%的问题都与ESG有关，因此他不得不注重这些问题。从透明度到衡量指标、基准、可比性，再到重要性，这一系列转变最终迫使人们不得不改变决策过程。这种良性循环促使广大公司力争上游、不断创新。

影响未来：下一步

　　我跟学生分析过比利时的一家化工公司索尔维，该公司在2008年开发了一种可持续的投资组合管理工具，希望借此了解每种产品对环境的影响。该公司的高管们想为公司做出更加明智的决策。通过一系列努力，索尔维最终成为首批将可持续管理与财务决策相结合的企业之一。当看到公司的环境友好型产品的销量比非环境友好型产品增长得快后，其首席执行官伊利哈姆·卡德里（Ilham Kadri）明确了这一工具在推动公司发展方面的价值所在。有了这些数据，索尔维于2020年决定进一步向前迈进，推出了名为"一个地球"的可持续发展计划，并率先在业内最大限度地降低资源消耗、减少温室气体排放量，最终成为一家零浪费公司。

　　2021年春季，卡德里在哈佛商学院的一堂课上说，她认为可持续发展可以让公司脱颖而出并提高市盈率。如果公司过去一直表现不佳，那么全身心投入可持续发展是一种增长策略，这可以激发公司的全部潜力。可持续发展不是公司的顺带工作，它应被全面整合到公司的方方面面。"一个地球"计划才启动一年，就有了成效。索尔维与米其林达成了合作，以提高米其林所售轮胎的能效。索尔维还与汽车制造商雷诺以及专注于水、废弃物和能源管理的威立雅达成合作，回收这两家公司的废旧电池金属，进而促进整个世界进入更高效、更循环的经济模式。

我在哈佛商学院发起了影响力加权会计运动，其背后的理念就是进行全面整合，即将可持续发展作为公司运营的核心，以及衡量公司行为的核心。我开展这项运动的动力与之前加入可持续发展会计准则委员会是一样的。我不想成为旁观者，而是希望通过自己的努力创造出我想看到的变化。影响力加权会计倡议是问责制报告的下一步，该倡议仅推出几年，我们就在企业的影响力透明度方面取得了重大进展。

影响力加权会计运动始于2018年底，当时我在一场会议上遇到了风险投资领域和影响力投资领域最重要的先锋者之一罗纳德·科恩（Ronald Cohen）。我们俩都认为，除了已有的各项指标，还存在许多其他指标，而且虽然很多公司在发布报告方面做得很好，但这还不够。我们认为，如果无法真正将企业的影响力透明化，我们就永远看不到除了风险和收益，影响力也被公司视为核心决策因素的情况。在跟罗纳德先生聊了约一个小时后，我感觉这件事不但充满挑战，而且困难重重。然而，正如我印象中罗纳德先生的一贯作风那样，他并没有因此气馁，而是转过身对我说："乔治，我们开始吧。"

正如我在第一章说的那样，如果我问学生"什么是商业上的成功"，那么越来越多的回答是，不仅仅关注眼前的利润。影响力加权会计运动坚持认为，我们需要重新定义对于整个社会而言，成功意味着什么以及利润意味着什么。我们要做到：当谈论一家公司的净利润时，不仅讨论这家公司赚了多少钱，还要讨论它对整个世界贡献的价值或者它从中得到的价值。

影响力加权会计就做到了这一点。它把公司的一切行为都换算成货币，让我们在考虑了公司的环境影响、客户影响、员工影响等因素后再计算收益。它提供了将非财务指标转换为财务指标的工具，以确保人们通过财务报表就能辨认出真正盈利的公司。就像我们不可能会为那些服用违禁药物的运动员喝彩一样，我们也不应该为那些通过污染环境、将员工薪资压到最低生活水平以下、销售危害客户健康的成瘾性产品来获利的公司鼓掌。真正的商业领袖会在创造利润的同时对社会产生积极影响，而这种影响完全可以通过公司的影响力加权每股收益来进行计算和检测。

如果一家公司的目标只有实现短期利润最大化，那么根据这家公司的收益和其他关键财务指标来判断它的经营业绩也是可以的，这是最低要求。但事实上，公司的追求远不止于此，因此这种仅研究财务指标的机制是一种严重扭曲的激励机制。我们可能会说不想让公司只追求财务绩效最大化，但我们如果只从财务绩效的角度来判断一家公司，那么还能期望这家公司做出其他什么贡献呢？

影响力加权会计：游戏规则的改变者

我和影响力加权会计倡议委员会的现任主席罗纳德先生分析发现，如果考虑环境成本，那么在2018年，15%的实现盈利的公司会发现自己毫无获利。单从航空公司来看，如果考虑环境成本，那么2018年利润分别为23亿美元和48亿美元的德国汉莎航空和美国航空都将无利可图。在航空、纸制品和林产品、电力设施、建材、集装箱和包装等行业，如果考虑环境成本，那么几乎所有公司至少都会减少25%的利润。

但并非所有公司都是如此。有些公司在员工和产品方面下了功夫，由此产生了巨大的积极影响。为了说明该结果，我们对比了苹果和脸书这两家公司在就业方面的影响，两家领先的轮胎生产商在环境方面的影响以及两家航空公司在产品方面的影响（见图3-1）。由此可以看出，同一行业的不同公司之间存在明显差异，有时甚至朝着相反的方向发展。

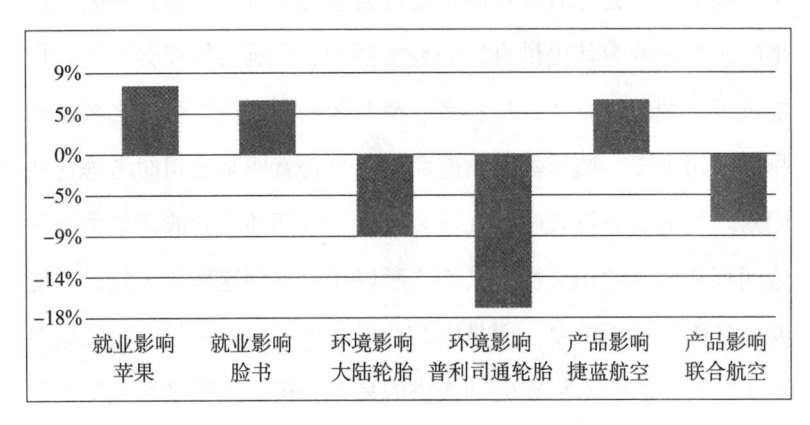

图3-1 同一行业不同公司的影响力对比

并非所有公司都以同样的方式受到影响，这才是重点。如果通过影响力加权会计这一工具进行分析，那么各个公司之间会存在显著差异，而我们真正应该强调、鼓励和试图复制的，应该是那些在产生实际影响时数据增幅最大的公司。以英特尔为例，这家公司通过提供高薪岗位以及育儿津贴、带薪病假等员工福利（包括高失业率地区），产生了大约价值45亿美元的积极影响。如果英特尔拥有一支真正多元化的员工队伍，并且高级管理层和基层管理层一样多元化，那么这一数字会更大。通过分析这些数据以及弄清楚调整哪些杠杆会让数据变得更好或更糟，公司可以判断其决策所产生的影响。例如，如果一家公司在是否要加大力度改善工厂员工的工作环境上犹豫不决，那么它可以通过影响力加权会计来计算这一措施最终可以创造多少价值。

有了衡量标准，我们可以想得再远一些。想象一下，政府利用影响力加权会计对公司的不良行为进行征税，或者针对公司产生的积极影响为其提供直接的经济激励。影响力加权会计为我们提供了一种比较方式，投资者、消费者和潜在员工可以在决定向哪家公司投资、选择哪家供应商以及是否就职某公司时考虑这些因素。当前的分析表明，在许多行业，破坏环境和股市估值下跌之间存在明显的相关性。人们之所以还没看到这种相关性，可能并不是因为这不重要，而是因为业界缺少相应的衡量方法。透明度（尤其是影响力加权会计提供的易于分析的透明度形式）是让越来越多的可持续性因素在许多行业变得更加重要的关键。影响力加权会计最终成为协调社会和企业关系的改变者，成为促使企业行善的主要分析方法。

类似影响力加权会计这样的工具可以帮助一些公司实现"复

杂工具民主化"，这些公司没有办法像索尔维那样自行开发相关工具，因为它们没有资源。通过创建开放式的获取方法、数据和工具，所有公司都能深入了解：自己只有借助这些方法、数据和工具，才能给世界带来影响，从而做出相应决策。

2018年，在和罗纳德先生聊到影响力加权会计时，我并没有想到它会如此快速地流行起来。实际上，我们的影响力加权会计工作还没有完成。目前全球有100多家头部公司正在采用某种类型的影响力加权会计，而且这一数字还在不断增加。法国食品巨头达能集团就是其中一员。该集团称自己是世界上第一家采用碳调整每股收益指标的公司，以帮助投资者了解公司在温室气体排放方面的影响。[6]基于该指标，达能集团可以了解自己在考虑环境成本之后的盈利情况。2015年，达能集团宣布计划在2050年实现碳中和，这意味着达能集团朝着目标又迈进了一步。作为一家目标驱动型公司和一家经认证的共益企业，达能集团必须以有利于客户健康和地球可持续发展的方式运行。

达能集团的秘书长马赛厄斯·维切拉特（Mathias Vicherat）在接受CNBC（美国NBC环球集团持有的全球性财经类新闻台）的采访时表示，此项新举措也是为了广纳天下英才。这与我在第二章讨论的内容是一致的。维切拉特指出："要想招募从商学院或大学毕业的优秀人才，要想留住现有的优秀员工，拥有良好的社会影响是一个加分项。"[7]正如前文所说，员工、投资者、客户和监管机构都可以成为提高影响力透明度的重要力量，还可以帮助企业创造更好的商业环境和社会成果。

下一步：该做什么

政府越早强制要求公司公布影响力加权会计报表，越早要求公司和投资者共同应对气候变化、不平等等一系列问题，我们的社会就会越来越好。与此同时，每个人都能贡献一己之力。

- 如果你是一家公司的领导者，那么你必须开始衡量并与团队沟通公司的影响力加权绩效。
- 如果你是一名普通员工，那么你必须和高层领导沟通，要求公司提高影响力透明度。
- 如果你是一名投资者，那么你必须要求被投资公司提高影响力透明度，并利用影响力加权会计来评估投资机会和风险。
- 如果你是一名政策制定者，那么你必须强制要求公司公布影响力加权会计报表，并根据公司的利润和社会影响推出相应的税收和激励措施。
- 作为消费者，所有人都应该尽量购买那些对社会有积极影响的公司的产品。

我深信上述举措可以给世界带来改变。

实际上，提高影响力透明度是可以重塑资本主义的。通过将逐利方式从制造问题转变为提供解决方案，我们可以重新定义什么是成功，即我们将以有生之年所创造的积极影响来衡量成功，而不仅仅以金钱来衡量。

下一章将讨论前三章所说的各种趋势是如何在全球范围内兴起的。如今，越来越多的公司在社会中发挥着重要作用，这是我们在几年前根本没有想到的事情。这些公司提供符合公众利益的服务和产品，并在政府机构以外，用一种我们看不到的方式影响着世界。它们如果对世界产生的影响是积极的，那么可以从许多方面得到回报；而如果这些影响是消极的，那么它们将因此面临前所未有的问责。良好的公司行为会带来越来越多的益处，而不良的公司行为则要付出更大的代价。第四章将讨论公司的各种行为以及世界对这些行为的反应。第五章将讨论公司如何利用上述趋势来为自己谋利。

第四章
不同公司行为的后果

无论以何种标准衡量，公司的规模和影响力在过去几十年里都越来越大。在2010—2020年，全球500强公司的总市值占全球5万多家上市公司总市值的一半。全球500强公司所销售的产品和服务的价值超过22万亿美元，这些公司掌控的资产价值超过100万亿美元，每年投入的资本和研发支出分别高达1.5万亿美元和5 000亿美元。过去10年，仅丰田汽车每年的研发投入就超过100亿美元，只有16个国家的研发预算能超过丰田。无论结果好坏，公司的影响力之大让人意想不到。

2015年，我向一众高管展示了图4-1中的内容，由此可知在经济资源和经营成果方面，全球500强公司相比全球所有上市公司的占比。我想说的是，全球的经济资源和经营成果集中在少数几家大型公司手中，而且这些公司的影响力以新的方式日益凸显。虽然当时大多数听众都在全球500强公司工作，但在此之前，他们从来没有意识到市场上的经济集中度如此之高。

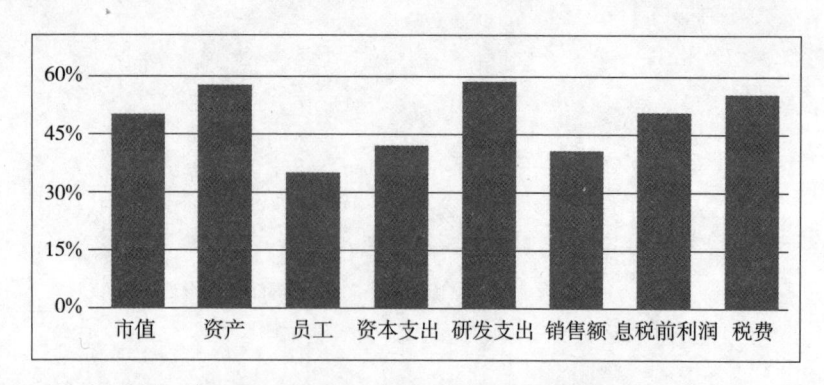

图4-1 全球500强公司在经济资源和经营成果方面的占比

与此同时，随着这种经济集中度的提高，我们所面临的最大的全球性问题变得越来越复杂，比如气候变化、空气污染、热带森林毁坏、水资源匮乏、不平等加剧以及生物多样性减少等，解决这些问题需要真正的全球合作。

我认为，公司对其他机构的影响越来越大。与此对应的是，一种新的抗衡力量产生了，政府和公民加强了对公司的问责力度，进而使ESG问题对公司财务产生了重要影响。公司在ESG方面的绩效已成为外界判断其盈利能力、所面临的风险和市值的关键因素。

公司在应对ESG挑战中的作用

从物流的角度看，相比政府，在世界各地运营的大型公司通常能更好地应对国内外挑战。2005年8月，卡特里娜飓风袭击了美国路易斯安那州，导致1 200多人死亡，经济损失达1 250亿美元。相比联邦政府，零售商沃尔玛在这次灾难中提供了当时最令人赞叹的物流运营服务，第一个向受灾居民提供大量食物和衣物的就是这家公司。这是为什么呢？因为在许多情况下，大型公司相比政府官僚机构，有更好的机动性、创新性和更强的应对能力。大型公司有能力协调跨境业务，在跨市、跨州乃至全国范围内有更大的工作自由度。

现在许多公司的规模和能力堪比政府。由于全球化、管理科学以及促进大范围合作的通信技术的发展，大型公司在某些重要方面已经成为"准政府机构"。它们可以开展应对气候变化、饥饿问题和不平等问题的项目，并且能够在解决这些问题上取得进展。即便没有法规迫使它们在创收、削减成本和追求利润最大化之外采取行动，许多公司仍然迫切地自愿承担这些重任。

在一些人看来，少数营利性机构拥有如此大的权力，是一件可怕的事情。对另一些人来说，这一点儿也不可怕，相反，他们认为这是自由市场创新能力所带来的成果。无论你有何看法，不可否认的是，许多公司因为规模宏大，让人们对其在社会中应当扮演的角色产生了新的期望。

2020年春季新冠肺炎疫情暴发后，美国的许多企业受到了民众指责，因为2019年的一项调查显示，美国服务行业大约只有58%的员工享有带薪病假。[1]然而，如果换个角度看，有人可能会想，既然法律没有要求所有美国公司都提供带薪病假福利，那么有58%的服务人员享有带薪病假已经很不错了,因为这些雇用了超过半数就业人员的企业可以自愿决定是否为员工提供这项非法定的昂贵福利。当然,在这些公司中,有些公司是因为竞争而被迫为员工提供此项福利的,但并非所有存在直接竞争关系的公司都为员工提供了此项福利。由此表明,竞争只是其中一部分原因。除了竞争,这似乎跟公司的管理理念和策略有关系。

关于美国只有58%的服务行业人员享有带薪病假这件事,人们的态度是指责而不是赞扬,从中可以看出当下人们对公司的期望。大众普遍认为,即使政府没有要求,公司也应该承担社会责任并为之付出努力。至少某些调查结果显示,相比政府,人们更信任公司。事实上,在一项调查中,76%的受访者认为公司的首席执行官应该带头做出改变,而不是等待政府发号施令。[2]此外,如今公众对政府的信任程度已经跌至历史最低点(1958年,73%的美国人表示信任美国政府;到2020年,这一数据跌至20%[3])。

我并不是说我们不需要政府,也不是说公司可以或应该取代政府。政府的一部分工作是维持激励结构,促使公司为公众利益而行动。如今,无论是大公司(财富规模庞大、资源丰富且人力资本雄厚)还是小公司(有自己的使命和资源),它们都带着公众的期望行事,即加快发展步伐以实现社会目标。令人意外的是,很多公司都在这么做。

这些公司之所以这样做,一方面是因为它们有能力,它们的规模和影响力足以让它们在当今世界最大、最复杂的种种问题上发挥作用,另一方面是因为无论是从道德的角度还是从严格意义上的财务角度看,它们都应该这样做。以对社会有益的方式扩展业务,不仅会增加公司在金融市场的价值,还会在其他许多方面(例如人才招聘、融资、投资者吸引力等)提高公司的竞争力。而对社会不利的公司,也要为自己的行为承担后果。

公司行为的影响力

我在第一章提到了保罗·波尔曼和联合利华。当然,在可持续发展方面采取广泛行动的企业领导者不止波尔曼(以及他的接班人乔安路)。宾堡集团是一家总部位于墨西哥的国际性烘焙食品生产商,旗下品牌包括恩特曼、阿诺德面包、莎莉等。宾堡集团的董事长兼首席执行官丹尼尔·塞尔维奇(Daniel Servitje)一直致力于提高公司产品的质量、节约用水、减少碳足迹以及改善工作环境。塞尔维奇说:"我们的可持续发展计划来自我们作为一家企业所定下的目标。为了全身心地追求这一目标,我们问自己'哪些利益相关者可以帮助我们实现目标',答案是我们的同事、消费者以及整个社会。"[4]

像这样的例子,世界各地到处都是。Discovery的总部位于南非,这是一家致力于让人们生活得更好的人寿、健康和汽车保险公司。阿德里安·戈尔(Adrian Gore)是Discovery的创始人兼首席执行官。这家公司通过一系列措施来鼓励客户过上更健康的生活，例如：客户如果在杂货店购买了健康食品，就可以享受25%的折扣；客户如果去健身房健身，就可以享受返现；客户如果在车内安装有助于保障驾驶安全的追踪器，就可以享受保费和油费折扣。[5] Discovery的员工只要想出能让投保人过上健康生活的新点子，就能获得奖金。数据显示，以上行动有助于降低医疗成本和延长预期寿命。客户喜欢通过这些鼓励措施来省钱，这是一种很好的商业模式：客户越健康，公司的保险赔付越少，获利就越多。此外，员工之所以喜欢在Discovery工作，是因为他们感觉自己的确对他人产生了积极影响。

即便是经常遭到诋毁的沃尔玛，也在过去几年转变了风评。除了在应对卡特里娜飓风一事上获得好评，沃尔玛在环境和员工方面也取得了巨大成果。这对沃尔玛来说很重要，因为作为美国最大的私企雇主，沃尔玛在美国拥有100多万名员工。当2015年宣布给员工加薪的时候，沃尔玛的股价一度暴跌，其首席执行官董明伦（Doug McMillon）在接受电视台的采访时被追问此事。董明伦为此进行了辩护，他说加薪有助于提高员工生产力、减少员工流失以及提高客户的满意度和忠诚度，从而有利于提高公司的长期盈利能力。[6] 起初，他的这些说法没人在意。刚开始的时候，公司加大对员工的投入，导致花费增多、利润降低，但最终加薪这一举动奏效了，沃尔玛的销售额攀升。继联合利华之后，沃尔玛也加入了可持续发展公司行列。

公司的一举一动都会对全球环境产生切切实实的影响，这不仅体现在尽可能减少对全球环境的损害上，还体现在真正为全球环境创造巨大价值上。纳图拉是一家总部位于巴西的个人护理用品和化妆品集团，旗下品牌包括美体小铺和雅芳。过去二十年，纳图拉凭借创新能力和非凡表现而受到认可。该集团宣称，公司一直用的都是来自亚马孙热带雨林的可持续原料，这并非只是它的营销噱头。[7]多伦多大学的安妮塔·麦加汉（Anita McGahan）和莱安德罗·庞格鲁佩（Leandro Pongeluppe）开展的一项有趣的研究发现，纳图拉从亚马孙热带雨林地区的几个特定城市采购原料，这有助于保护该地区的森林。[8]根据卫星图像、作物产量和碳密度等信息，这两位研究人员发现，纳图拉采用了与森林作物种植挂钩的利益相关者管理策略，而非破坏森林的乱砍滥伐手段。森林破坏是亚马孙热带雨林地区乃至全世界面临的一个大问题。在一定程度上，考虑到纳图拉付出的这些努力，联合国于2019年向纳图拉授予"联合国全球气候行动奖"，这是全球最重要的应对气候变化的奖项。

公司采取实际行动来保护我们的地球，需要真正付出努力、资金和牺牲，需要将保护地球作为首要任务。那些把所有利益相关者放在心上并采取行动的公司，与那些无法言出必行的公司之间的差别，在发生危机的时候表现得最为明显，正如我们在2020年初新冠肺炎疫情暴发时看到的那样。

应对新冠肺炎疫情带来的挑战

当我撰写本书的时候,新冠肺炎疫情还在继续。为了应对此次危机造成的各种紧迫需求,各地政府都采取了行动,其中有些行动奏效了,有些则没有达到预期效果。但令许多人惊讶的是,一些公司也采取了行动。

与上一个时代相比,这是一个明显的变化。人们确实希望在面对新冠肺炎疫情这样的危机时,公司能够有效地做出反应。如果公司不这样做,那么人们会对其加以指责。只要发生危机,无论公司有何种行动,人们几乎都会立马关注。公司在应对危机时所采取的行动具体会带来哪些结果,我们尚不清楚,但我们可以研究公司此番作为的动机,分析公司做出的种种选择,并预测在危机背景下,公司将可持续性置于短期财务利益最大化之上会产生哪些后果。

关键是,我们之所以能够审视公司的这类行为,是因为信息透明度提高了。一方面,官方发布了可持续发展报告;另一方面,应公众的要求,媒体和其他监督机构也开始对这方面进行报道。此外,脸书和推特等社交媒体平台推动了员工、客户和其他知情者对公司行为的传播。

正义资本是一家于2013年注册的慈善机构,该机构从可持续发展和对利益相关者的服务这两个方面对各个公司进行衡量和排名。微软曾连续三年被评为"最公正的公司"。在新冠肺炎疫情暴发后，该机构在其网站上设置了一个追踪栏，从15个方面对全美100家最大的公司在此次危机中所采取的应对措施进行汇总，这里所说的应对措施包括向员工发放津贴或提供经济援助，以及社区救济、高管减薪、客户住宿、带薪病假和居家办公等方面的措施。[9]我在一次活动中跟正义资本的首席执行官马丁·惠特克（Martin Whitaker）进行了交流，当时他说追踪公司行为可以帮助人们看到哪些公司真正重视自己的利益相关者，尤其是在困难时期。

在新冠肺炎疫情期间，正义资本的追踪结果相当丰富。例如对于航空航天和国防公司诺斯罗普·格鲁曼（拥有8.5万名美国员工），正义资本发现该公司未发布任何有关疫情的报告。再例如，百事公司（拥有11.4万名美国员工）在新冠肺炎疫情暴发后加紧制订了一项全面的计划，包括向员工提供辅助护理和带薪病假，向社区提供4 500万美元的救济资金，向全球处于危机中的家庭提供5 000万份餐食，以及推出新的居家办公方案等。

这100家公司几乎都在新冠肺炎疫情期间为员工、客户和社区提供了帮助，即使是那些未受此次危机影响的公司，也这样做了。威瑞森通信公司承诺，在新冠肺炎疫情期间，客户即使没有付费，也可以继续使用互联网和有线电视。[10]旗下拥有路易威登、纪梵希、迪奥等品牌的法国奢侈品集团酩悦·轩尼诗-路易·威登集团对其化妆品生产设备进行了改造，改为生产免洗消毒液，以供法国卫生当局对外免费发放。[11]科技公司Zoom免费向学校和教育工作者提供视频会议产品，助力他们开展网课。[12]

我们之前已经讨论过此项发现：采取与业务职能直接挂钩的可持续发展举措的目标驱动型公司，最终的业绩表现优于竞争对手。但这并不意味着，这类公司更容易采取实际行动并取得巨大进步。首先，我们很难事先知道哪些因素会对公司的核心业务产生重大影响，换句话说，我们很难事先知道哪些举措对公司有益，哪些无益。其次，实施这些举措的成本高昂，且因此而增长的财务业绩通常无法弥补最初的成本。最后，当公司在新冠肺炎疫情期间遭受损失，不知道如何负担员工工资，甚至不知道如何继续生存下去的时候，每一位商业领导者的本能可能都是不该在这时候花钱。

2020年4月，我与道富银行（我是该银行的学术合伙人）的斯泰西·王（Stacie Wang）、亚历克斯·奇玛-福克斯（Alex Cheema-Fox）和布里奇特·雷亚尔穆托·拉佩拉（Bridget Realmuto LaPerla）共同发表了首篇研究新冠肺炎疫情期间企业的韧性和反应的文章。[13]我们对市值合计约59万亿美元的3 078家国际公司进行了分析，采用了数千个不同来源的大数据，并对这些公司在员工、供应商和客户方面的反应进行了情感分析。我们发现在取样的32天内，那些将员工和供应商的安全放在首位并为客户提供即时服务的公司，股票回报率比同行高出了大约2.2%（见图4-2，该数据已经考虑了这两种公司在行业身份等方面的差异）。

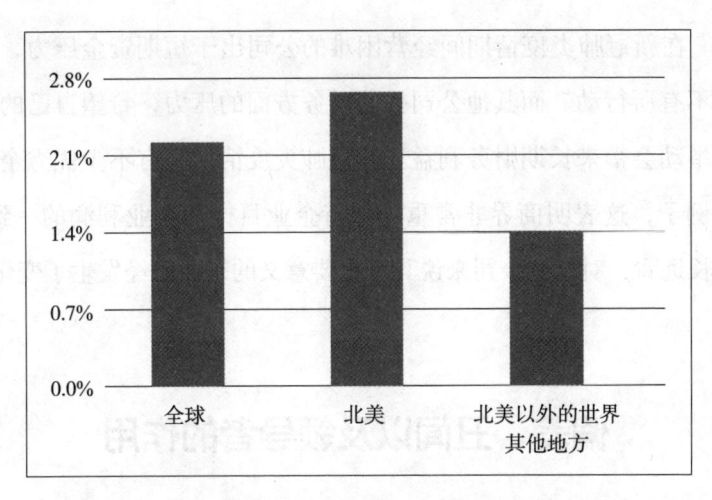

图4-2 积极应对新冠肺炎疫情的公司的股票回报率增长情况

这是一个十分重要的发现。这表明，公司关注所有利益相关者的行动是有益的。这一发现也质疑了一些公司高管的看法，即投资者束缚着高管人员，让后者成为短期主义者，迫使他们"别管闲事"。但是，问题的根源往往可以追溯到公司内部的激励机制和文化上，而不是投资者对公司的态度。

如果光凭这些数据就说明公司在可持续发展方面采取措施会提高其财务绩效，并因此认为每家公司都应该尽其所能做到这一点，那么我们便忽略了其中的微妙之处。如果事情真的这么简单、明显，那就不会有像纽约体育俱乐部这样在政府要求人们居家隔离的时候拒绝退还会费的公司了，[14] 也不会有像WeWork这样不仅在新冠肺炎疫情期间继续开门营业，还强迫客户按约付费的公司了。[15]

在新冠肺炎疫情期间经营困难的公司出于短期资金压力，不得不有所行动。而其他公司扛着财务方面的压力，希望自己的良好举动会带来长期财务利益。新冠肺炎疫情期间有不少优秀企业的例子，这表明商界非常重视保持企业目标与企业利润的一致。从长远看，对这些公司来说具有重要意义的东西已经发生了变化。

偏差、丑闻以及领导者的作用

前文主要谈论了一些正面的公司行为案例，但像纽约体育俱乐部和WeWork这样的公司并非始终以对社会最有益的方式行事。可能在新闻数量方面，公司丑闻越来越多，但我认为实际上可耻的公司行为远不止这些，只是因为信息透明度逐渐提高，这些丑闻到现在才被曝光。在我看来，重要的是公司在出现这些丑闻时有何反应。

2016年夏天有内幕爆出，富国银行的零售部员工向客户出售了数千份不必要的银行产品，并开设了100多万个未获授权的银行账户，这是近年来为数不多的重大企业丑闻之一。最终，富国银行为此付出了巨大代价，支付政府罚款、民事处罚和刑事处罚共30亿美元左右，公司市值缩水约200亿美元。此外，富国银行的高层领导损失了数百万美元，他们有的被解雇，有的被迫离职。这家银行积攒了160年的声誉就这样毁于一旦。

虽然纳图拉以一己之力在巴西产生了深远的积极影响，但整个巴西都因为巴西国家石油公司的贪污丑闻而深受影响。建筑公司的高管沆瀣一气，抬高项目标价，向投标公司收取的费用大幅超标。在此过程中，为了顺利实施欺诈，他们累计支付给巴西国家石油公司的员工和政客的贿赂和回扣总额超过50亿美元，从而迫使员工和政客知而不言，整个欺诈计划维持了数年。[16]

事发之后，媒体很快就把矛头指向巴西的腐败文化。《纽约时报》称，巴西人有这样一句话："当有钱、有权的人被抓的时候，事情最后总是以一场比萨派对收尾。"意思是说，巴西的司法系统是用来维护精英阶层的利益的，据说被告可以躲避服刑，并且点比萨庆祝一番。[17]但这一次没有比萨派对，巴西国家石油公司的首席执行官最终被判十一年有期徒刑。[18]

如今人们再也无法接受那些过去被忽视的或被解释为公司经营不可避免的行为（例如利用银行客户）。性别歧视、性骚扰、虐待员工、过度污染等公司行为，已经上升到了会对公司及其员工造成严重伤害的程度。如果一家公司没有在ESG方面做出真正的、全面的、贯穿公司上下的承诺，那么这家公司将为自己的不良行为付出相应的代价，而这些不良行为是难以避免的。

十多年来，我一直在研究诸如巴西国家石油公司、富国银行之类的公司丑闻，最重要的是研究导致这些丑闻发生的环境因素。之所以会出现腐败，是因为该地区没有把打击腐败放在首位，如此一来，不好的事情自然就发生了。但并非所有身陷丑闻的公司的领导者都鼓励不良行为。我和保罗·希利（Paul Healy）

教授基于数百个组织的数据以及我们的实地考察，共同展开了一项研究。该研究发现，许多组织都知道投资于鼓励规范行事的项目是相当重要的，而且它们始终希望自己的员工可以诚信行事。然而，比起遵守法律和道德标准，它们把超越竞争对手以及给投资者留下深刻印象放在了优先位置，因此这些优先事项最终成为员工做事的主要驱动力。

为了追逐利润，这些身陷丑闻的公司的领导者对见不得人的商业行为视而不见，有时也不会惩罚行为不端的员工。公司其他人看到之后，加以效仿。曾经有一家工业公司的董事长跟我说，不良行为已经见怪不怪了，以至于当他责问那些行为不良之人时，那些人竟然说："大家都这样做，我没觉得这有什么不妥。"合规变成了一件需要监督的事情，而不是企业文化的关键部分。

一旦不良行为被发现、被曝光，其后果是显而易见的：罚款、名誉受损、股价暴跌。如果你问富国银行的高管，他们是否希望自己在违法开户时没有被发现，那么答案会非常明确。但大多数人都认为，抛开被抓捕这一后果，也抛开道德，无视法律当然会带来经济利益。然而事实并非如此，希利和我共同开展的研究意外发现，一家公司通过从事非法活动来获利实际上是得不偿失的，即使假设该行为不会产生任何后果，这也是得不偿失的。

2004年，德国大型跨国工业制造公司西门子身陷贿赂丑闻，最终被罚款16亿美元，这在那时是现代企业史上数额最大的一笔罚款[19]（如今这一记录由空中客车保持，该公司在2020年被罚款40亿美元[20]）。在贿赂丑闻发生后，审计调查发现，由于贿赂金额巨大，所有交易利润被花得一分不剩。通过对480家组织进行研究，我们得到了相似的结果：与反腐败评级较好的同行相比，腐败组织的销售额增幅更大，但盈利能力更低。事实上我们发现，非法交易带来的销售额增长完全被利润的减少抵销。因此，公司的不良行为毫无经济利益可言（至少对公司股东来说是这样的，但对于那些薪酬与地区或部门销售额增长挂钩的个人来说，他的确可以获得不错的奖金），而且这些人根本没有考虑被发现、被惩罚的巨大风险。不良行为被发现的风险以及因此给反腐败评级不佳的公司带来的影响，是相当大的。这些公司未来被媒体曝光丑闻的可能性比其他公司高28%。

不良行为与非法行为

你可能会认为，本章把贿赂、吃回扣、明显的犯罪活动等丑闻与书中大部分地方反对的普遍漠视社会影响这一行为进行比较，是不合适的。你可能会想，一家不太关注环境污染或没有为员工提供带薪病假的公司和一家确实违反国际法律的公司，是有本质区别的。在传统意义上，大家都是以这种方式来进行分析和比较的。如果公司所做的事情合法，比如将污染程度控制在法规规定的范围之内，或者以丝毫不影响员工合法权利的方式支付薪酬，那么公司的首席执行官会自豪地站出来，为这种行为辩解。

他会说利润是第一位的，公司在合法范围内所做的任何能使利润最大化的事情，都属于公平竞争。

普通不良行为与引发丑闻的行为之间的界限不再那么清晰，实际上，两者之间的差异正在消失，部分原因是越来越多的不良行为被大众发现。在社交媒体出现之前，在供应链等方面身陷丑闻的公司很少有人注意。而现在，科技让我们能够广泛地监控和收集有关这类丑闻的数据。

RepRisk是一家全球性ESG数据科学公司，它对全球超过16.5万家公司的供应链劳工问题和环境违规情况进行监测，同时为维护自身品牌形象和声誉的投资者和公司提供信息。现在我们不仅仅要发现公司的不良行为，更重要的是从道德方面转变大家对"适当的公司行为"这一概念的理解。几十年前，就连最看重利润的首席执行官通常也会承认，不能因为供应链的某些环节普遍使用童工这一情况可能永远不会被发现，就认为这种行为是可以接受的。但雇用童工在当时是一种极端情况。现在，被认为可耻的问题越来越多。跟雇用童工一样，当今社会越来越无法接受环境污染、性别歧视等问题。我们可以想想"#MeToo"运动。过去，人们对于性骚扰往往视而不见。就算管理人员遭到有力的性骚扰指控，就算他们因此败坏名声，公司仍然允许他们继续任职，甚至还会把他们晋升到公司高层。性别歧视、低薪工人待遇不佳、危害气候等问题在过去不会成为头条新闻，而且令人失望的是，这些都被认为是符合商界的规范标准的。几十年来，天主教会一直无视猥亵儿童的指控，并保护神职人员不被起诉，直到社会开始注意和关注这件事。

类似巴西国家石油公司这样的企业，即使不出现上面这些问题，也会有其他糟糕的丑闻。这些公司不把ESG问题放在首位，不表明立场，不起带头作用，这种糟糕表现本身就是一种丑闻，甚至可能会引起巨大反响。

突破：将良好公司行为转化为竞争优势

从这些案例中我总结出一个道理：行业中的每个人都以某种方式行事，但这并不意味着你的公司必须顺从这种方式。你可能会抱怨保持良好的行为会让公司处于劣势，但你也可以找到将良好公司行为转化为竞争优势的方法，并借此取得突破性成果。西方石油公司就是一个很好的例子。2020年11月，该公司宣布其目标是在2040年实现温室气体净零排放。

对于一家石油公司来说，此目标较为激进。但西方石油公司的首席执行官薇姬·霍尔卢布（Vicki Hollub）着眼未来，认为随着世界越来越关注气候变化，石油和天然气业务必然会发生翻天覆地的变化。在她看来，西方石油公司最好还是将自己定位为一家碳管理公司，而非一家石油销售公司。换句话说，她想改变公司当前业务的性质。

西方石油公司正在推动自身业务朝着未来不容易出现丑闻和

负面后果的方向发展，它可能成功，也可能失败，或许它宣布这一发展目标只是为了营销和公关。这是一个值得注意的现象，但我希望看到更多这样的现象。香烟制造商菲利普·莫里斯也致力于业务转型以及为无烟世界做出贡献。随着各行各业接连出现负面报道和名誉受损的情况，创新型企业将寻找各种方法，将自己与受负面报道和名誉受损影响的公司区分开，宣传自己的不同之处，并采取具体行动来体现这些不同。

为什么要关注这些

有人问我，自己又没做错什么，为什么要关注这些。当然，如果一家公司有问题，而我不是公司领导者，也没做什么道德败坏的事情，那么我为什么要担心这些呢？很多人都认为只要自己没做错什么，那就没事，像我学生这样的年轻人更是这样想的。他们专注于发展自己的事业，掌控处于自己影响范围内的事情，认为超出自己影响范围的事情根本不会影响到自己。

然而，相关研究和各种案例都表明，这种想法是错误的。在富国银行的丑闻曝光后，受影响的不仅仅是公司高层，所有员工都因此受到重大影响，就连那些什么都没做错的人也被牵连其中。

公司出了问题，全公司的人都会受到影响，包括那些与该问题毫无关系的人。哈佛商学院的鲍里斯·格罗斯伯格（Boris Groysberg）、西点军校的埃里克·李（Eric Lee）和我共同开展了一项研究，对2 000多名有跳槽经历的经理人进行了分析。研究发现，曾在受丑闻影响的公司工作的人比同行的工资低了近4%，而这种工资差距会一直存在。[21] 一个人在受丑闻影响的公司中的职位越高或与丑闻越接近（比如销售丑闻中的营销经理或会计丑闻中的财务经理），受丑闻的影响就越大。

作为上述研究项目的一部分，我与雷曼兄弟的一名前高管进行了交谈，该公司曾因治理和风险管理不善而被诟病。这名高管证实，高层管理人员比低层员工受到的影响更大，至少低层员工没有因此使名声受损。事实上，这名高管当时并没有参与丑闻所涉及的那部分业务，公司的金融危机与他无关，但他的名声受到了影响。所以对他来说，继续留在金融行业发展是一件很难的事情。那次丑闻曝光对他的影响是长期的，导致他在寻找新工作时面临巨大的困难。

那么为了避免这种情况，人们该怎么做呢？在被卷入丑闻之前，你要认真审视工作单位，像管理者一样行事，并尽你所能使公司朝着正确的道德方向发展。特别是当你在一个不熟悉的国家工作时，你至少需要了解所在行业的法规和隐含规范。

展望未来：再接再厉

不良行为的代价越来越高，而良好行为经证实的确会给公司带来回报。但各类公司丑闻仍层出不穷，由此可见，我们还要继续努力。你只需要看看大家对此次新冠肺炎疫情期间采取不同应对措施的公司的态度，就可以明白这一点。我预测，那些能够暂时放下短期利益的公司，最终会在市场上得到回报。此外，这些公司在危机中所付出的努力，可能会促使它们以全新的方式思考此次疫情以外的其他问题，包括气候变化、员工福利等。最艰难的时候可能就是公司取得下一个重大突破的时候，因为价值链上的所有员工都在释放自己的创造力，为应对严峻挑战而寻找解决方案。

通过列举一系列新趋势、新数据和新证据，我想说的是，公司的行为方式正在发生变化，而且社会对公司行为的期望也发生了变化。在本书的后半部分，我将对这两方面进行整合，同时指出管理者、投资者和普通员工如何利用公司目标与利润之间新的一致性。如果你正在经营一家公司，或者正在考虑如何赚更多的钱，又或者正在思考自己的职业生涯，那么你会怎么做？

在第五章，我将研究不同公司如何利用这些趋势并从中获益，同时研究不同公司会制定哪些策略来让自己更具可持续性。在第六章，我将研究在这个由可持续性决定公司盈亏的世界，公司如何依靠这些策略向前发展，同时我会分析六种可以创造价值的商业机会。在第七章，我将研究投资者在推动公司关注自身行为方面的作用。最后在第八章，我将研究普通人在审视自己的生活和工作时，应该做些什么来实现这些想法。

我惊奇地发现，人们已经迅速意识到，公司在追求利润的同时保持良好的行为，对公司绩效而言是具有相关性、重要性和潜在影响的。现在我们要做的就是弄明白如何将这些想法付诸实践。

第二部分

执行:如何实施以目标为导向的计划

第五章

公司持续盈利的策略

公司法债编时的系统

我经常跟世界各地的商业领袖谈论第一部分所说的几种趋势。以前我的观点会遭到许多质疑，因为那些商业领袖坚持认为，虽然使用昂贵的太阳能肯定对环境有好处，但这是有成本的，过度关注可持续发展问题必然有损公司利润。对于向员工支付高于市场水平的工资、减少碳排放、保持厂房清洁、提供带薪病假、改善产品包装、寻求有机认证以及其他针对ESG问题所做的所有努力，大家都认为是值得的。当然，每一位心存善意的商业领袖都希望尽可能地做这些事。这只是一个权衡取舍的问题，一家公司要想生存，就不可能事事花钱，它注定无法成为在各个方面都完美的世界公民。

这是传统的看法。事实上，如果ESG策略最终无法提升公司的整体财务绩效，那么这些策略必定会受到市场的"惩罚"。尽管做正确的事情并不意味着一定能取得突破性成功，但是不少公司已经证明，它们不仅做得到，还能做得很好，并取得积极的成果。我已经在前面的章节讨论了其中的一些公司，例如纳图拉、联合利华和欧特力。除了这三家公司，还有许多其他公司的例子，比如：丰田率先研发了混合动力汽车，并发起了"环境挑战"，争取到2050年实现二氧化碳零排放，并做到对环境产生积极影响；制药公司诺和诺德致力于缓解慢性病，消除其对环境的影响，并在整个供应链中100%使用可再生能源。这些公司都在逐步走向成功，那么它们是如何做到的呢？

下面我将讨论商业领袖如何与这些社会趋势保持一致。毫无疑问，这通常没那么简单，甚至相当困难。无论是公司本身还是公司高层管理者，做到这一点都需要付出巨大的代价，因为这需要长期的考量、短期的牺牲，还要承担风险。对于一家公司来说，在牢牢占据领先地位并让这件事看起来简单之前，要想找到不会很快被竞争对手模仿的举措，公司要通过可持续发展找到真正的竞争优势，而这个过程充满了不确定性。

如果事情真的像看起来得那样简单，那么每家公司都能带头冲锋。相反，即使努力工作并做出战略规划，公司也不一定会成功。事实上，随着越来越多的公司试图转型成为可持续发展公司，以及试图做正确的事情并采取最终可以影响整个行业的战略举措，公司想找到有意义的、可持续的竞争优势变得越来越难了。外部环境正在不断变化并趋于成熟，各项指标不断演变，关于成功的各项决定性因素也随着时间的推移而发生了变化。公司总有办法来解决这些问题并取得成功，但在研究这些举措会给公司带来何种影响之前，重要的是考虑这些举措对受此影响最大的个人来说，意味着什么。

个人挑战:浪费潜力

2013年12月,我去了挪威首都奥斯陆并发表了演讲。该演讲的主题是向可持续商业实践转变,以及这一转变对人们、企业乃至整个地球的意义。在那里,我遇到了挪威最大的废品管理公司的首席执行官埃里克·奥斯蒙森(Erik Osmundsen)。当时埃里克担任 Norsk Gjenvinning 公司的首席执行官刚满一年,他很高兴能领导一家具有巨大影响力的公司。通过回收利用以及其他先进手段来处理废品材料,废品管理公司最终可以减少碳排放并带来巨大的环境效益。埃里克正准备大干一场,并对未来保持积极乐观的态度。然而,事情并没有像埃里克最初希望的那样顺利进行。

在和埃里克成为朋友后,我见证了他为了推动公司向可持续发展前进而付出的努力,也看到了他作为一名真正关注商业道德、腐败问题和建设循环经济的企业领导者所面临的挑战。埃里克在刚加入 Norsk Gjenvinning 公司的时候,就从社会角度进行了思考,他发现整个公司乃至整个行业都没有向着有利于社会的方向发展。埃里克在开始工作后不久就发现了一些不当行为:有些员工没有将小额交易录入收款系统,私吞了收到的现金;还有一些员工把危险废品和无危险废品混在一起,并声称它们都是无危险的,从而最大限度地降低处理成本。随着调查的深入,埃里克意识到这些危害人类健康和整个社会的不当行为实际上已经在整个行业蔓延。

埃里克对此感到失望,但也有了做出改变的动力。他向手下员工发出了最后通牒:按照最高的道德标准行事,遵循可持续发展原则,否则就离开公司。结果,许多员工并不同意这种做法,他们选择离开公司(或被解雇)。不幸的是,埃里克的这一举动并没有解决问题,至少在某种程度上对公司没有帮助。一些离职员工还带走了客户,这给公司业务造成了极大的损害。两年内,公司60%以上生产线上的管理人员陆续离职。埃里克不能快速找到接任的人,他甚至花了很大力气从行业外找了一些看不惯不良行业行为的人,希望他们能缓解公司当时的局面。

埃里克最终意识到,最好的改变方式是全盘公开并跟媒体对话。但事与愿违,整个行业,包括他的大多数竞争对手,都开始谴责他的行为并孤立他。由于埃里克的商业目标会侵害犯罪团伙的利益(某些公司会向这些犯罪团伙付钱,让其将危险废品非法倒入欠发达地区),他收到了死亡威胁。他因为担心妻子和孩子的安全而彻夜难眠,埃里克问自己:"我应该这么做吗?我做这件事合适吗?"

这样的结果并不是埃里克原本所设想的。2021年春天,他对我在哈佛商学院的学生说,这不是他期望的生活,他需要安保人员来保护自己,他的家人也被死亡威胁吓坏了。埃里克不断告诉自己,在人生中的这一时刻,为了给整个世界带来巨大影响,他必须做出牺牲。幸运的是,他有一个在背后支持他的董事会,并且他生活和工作在一个能够为他提供良好治安保护和法律框架支持的、高信息透明度的国家。他成功说服了另一家公司站出来支持他的变革举措，这样他就不再是孤军奋战了。即便如此，这仍非常具有挑战性，尤其是在个人层面，相当困难。即使你相信行业调查数据并且出于好意想做出改变，但将这些目标付诸实践往往并不简单。

埃里克的故事是一个比较极端的例子，并非所有公司领导者都会收到死亡威胁。但埃里克的故事表明，过去十年里，许多公司领导者在尝试推动行业或企业进行变革时，面临了各种各样的挑战。他们在努力推动变革的过程中遭到了严重的抵制、质疑、孤立甚至攻击。尽管现在有充分的证据表明，从长远角度看，将ESG问题整合到企业战略中是一条通往成功的道路，但这还远远不够。尽管Norsk Gjenvinning公司有望在未来取得创纪录的财务成绩，但埃里克从最开始就明白，这一点无法保证。公司领导者为此要付出巨大的个人代价，即便成功了，他们也要比之前更加努力地工作，因为天下没有免费的午餐。

公司挑战：先爬后跑

公司从过去的在ESG方面几乎无所作为，发展到了如今的日渐成熟，整个社会的确进步了。然而，这个过程非常缓慢。ESG方面的数据在被纳入主流数据时，主要被用来判断一家公司避免危害社会的能力和总体行善意愿。这是向市场发出的信号,预示着公司领导者希望为社会和环境带来积极成果,但这一信号并不明确,也没有说明如何将这方面的种种努力与公司的战略和愿景相结合。公司在ESG方面的绩效与其向善的意图有关,但实际上却和产出无关。一家公司关于如何将可持续发展的影响最大化的建议,可能集中在网站和精心制作的新闻稿上。

如今,ESG考察因素大大增加,衡量的方面越来越多。而公司保持优势和超越竞争对手的唯一方法就是取得真实的成果,将解决ESG问题视为公司的核心目标,同时比竞争对手先行一步,衡量并传达自己所取得的喜人成果。任何一家公司要想做好这些方面,都不容易。

尽管如此,我和同事研究发现,在当前环境下,公司从可持续发展中有效获得回报并不只是猜测,即公司既能采取对社会有益的行动,又能在财务方面取得出色的成绩。公司可以通过明确的路径和框架来实现这一点。

如何实现可持续创新

在某种程度上,这个路径是直观的:在学会跑步之前,你得先学会爬。公司在实现可持续创新之前要经历三个阶段(见图5-1)。第一个阶段是合规。在公司眼里,ESG就像是一系列选项，要想避免不好的结果，就必须进行选择。这些选项包括简单的行动、简单的披露以及几乎相当于"洗白"的营销和宣传。在过去，这些就足够了。但现在，这些都是公司必须要有的筹码。

```
       1              2              3
      合规          运营效率       发展与创新
```

图5-1 公司在实现可持续创新之前经历的三个阶段

以麦当劳为例，有研究估计，仅在美国，麦当劳每天使用的吸管数量就超过5亿根，全球冲上海滩的吸管可能多达83亿根。为了回应公众担心的塑料吸管用量剧增的问题，麦当劳宣布在英国和爱尔兰停止使用吸管。与此同时，星巴克也宣布在全球范围内逐步停止使用塑料吸管。麦当劳和星巴克的这一做法都是善意的，但也都是被动的，而且很可能只是因为这样做的成本对公司来说相对较低。麦当劳和星巴克的这种做法并不是其整体战略的一部分，在很大程度上只是因为公司害怕登上新闻头条。对于处于可持续发展早期阶段的公司来说，这是比较典型的做法。这些公司之所以这样做，是因为漫无目的，这跟公司的整体战略几乎毫无关系，通常都是内部员工推动的、公司自愿的或者为了应付外部压力。

第二个阶段关于运营效率。在该阶段，公司可以寻找容易实现的目标，比如减少碳排放或强化与社区的关系。因此，公司投入了金钱和时间，但这样做只是在重新分配现有资源，选择自己想要做的事情，公司由此获得的任何竞争优势都只是一时的。在这个阶段，公司普遍追求效率，这是公司得以生存的必要之举，但无法将你的公司与其他公司区分开来。20年前，宣布追求碳中和目标是革命性的举动。而如今，这是相当普遍的目标。公司的相关行动仍然围绕其核心业务进行，可能包括针对安全问题或供应链设立一个单独的部门，或按区域创建独立的项目。各大公司纷纷行动起来，这绝对是一个好消息，但它们仍然无法获得能够打败竞争对手的持久优势。

第三个阶段是发展与创新。这一阶段是公司壮大的关键。在这一阶段，公司不仅要改变其行为方式，比如提高内燃机汽车等传统非环保产品的能源效率，还要从整体进行转型，比如通过开发新的核心能力来生产价格合理、技术过硬的电动汽车。

迈向可持续创新：五步行动框架

如何达到最后一个阶段？如何找到值得付出和投资的可持续创新方向？为此，我在研究中为管理人员构建了一个五步行动框架：

- 找到并采用最具战略意义的ESG实践。

- 设定明智的ESG目标以及问责制结构。
- 围绕公司目标构建文化。
- 为取得ESG方面的成功，在运营方面做出正确变革。
- 与投资者和世界保持有效沟通。

图5-2对五步行动框架进行了说明，本章其余部分将详细阐述这些步骤。

| 将ESG视为一项战略 | 建立问责制结构 | 围绕公司目标构建文化 | 建立信任型组织 | 保持有效沟通 |

图5-2　五步行动框架

战略眼光：凡士林的惊人力量

如果你的产品是一罐已有150年历史的石油凝胶，那么你可能会觉得这几乎没有创新的可能性。然而凡士林的领导者一直在寻找突破点，他们在与专业医疗人员交谈时意识到，这款产品是全球紧急急救箱的重要组成部分。对发展中国家来说这尤其重要，对于那些因为在开放式炉灶上做饭或使用煤油灯而导致手被烧伤或手部皮肤皲裂的人来说，到底是能够继续上班或上学还是只能待在家里，关键在于这款产品。因此，凡士林推出了分销策略，旨在帮助数百万处于危机或冲突中的人治愈受伤的皮肤。这项策略有助于体现品牌差异，是可以产生社会影响的明智之举。

我在前面章节已经探讨过重要性问题，并找出了不同行业的衡量标准。这里的战略思维是指预测未来会发生什么，也就是说，预测目前世界上没有的但可能很快就会出现的东西，并赶在竞争发生之前确定重要的行业驱动因素。公司如果能够找到并开展具有战略意义的ESG实践，同时在没有任何外部压力的情况下将其作为业务的核心部分，就能在ESG方面取得突破性成功。

例如，宜家已经改变了其传统定位，不再生产用后即丢的廉价家具，转而专注于设计可重复使用、可回收和可翻新的产品。在全世界迫使宜家思考它生产了多少废物之前，它就先行一步，制造出了可以拆卸的模块化产品，并且这些产品很容易再次转化为原材料。此外，宜家目前还在拓展太阳能方面的新业务。

耐克以减少浪费为目标，研发出了Flyknit系列产品，这种鞋的整个鞋面均采用单股纱线制作。该系列产品生产过程中产生的废物为零，其生产成本比传统鞋子低，而且更为舒适。耐克正是采用了高强度纤维，才制造出更轻便、更透气、更有支撑力的鞋子。Flyknit系列产品是可持续发展问题驱动下的一种创新，其销售额已超过10亿美元。

这样的案例还有很多。美国公司赛莱默研发了一款用于检测水管漏水的传感器驱动软件，这不仅提高了供水系统的工作效率，还为公司开拓了一项全新的业务。丹麦航运公司马士基为了减少燃料消耗，重新设计了公司的船舶。医疗设备制造商碧迪医疗研发了一种安全性更高的注射器，这有助于防止艾滋病病毒的传播。电力公司中电集团（原中华电力有限公司）已进军替代能源领域。美国西维斯公司不再销售香烟，而是通过开设医疗诊所进军医疗保健领域，从而使自己区别于竞争对手。

找到能够实现创新的战略突破口，同时提高可持续发展方面的绩效，是成功的关键，但这只是第一步。

建立问责制结构：自上而下与自下而上

事实上，即便你有良好的ESG意图甚至正确的战略，大多数策略也都无法实施，就连那些已经取得一定进展的策略往往也无法顺利实施，最终只能以失败告终。我研究发现，公司需要两方面的压力，即自上而下的压力和自下而上的压力，这两种力量能够共同发挥作用，推动公司顺利开展工作并坚持下去。

我所说的自上而下，涉及对公司最高层的问责。公司的每项承诺都必须先从董事会开始，然后再在整个公司中传达。在大多数公司中，董事会丝毫不管ESG方面的工作，这是个问题。公司在ESG方面的绩效与董事会的参与程度密切相关。在大多数公司中，董事会是最高管理部门，但即便是最高管理层，也要为此承担责任。我发现，对可持续发展问题进行强有力的管理，是决定成败的关键。例如，法国巴黎银行的董事会成员本身就是可持续金融领域的领军人物，这大大提高了该公司可持续发展举措的可信度。

我的研究表明，可持续发展公司的领导者与同行相比，有诸多不同（见图5-3）。而可持续发展公司的领导者之间也有明显的不同，包括他们为了追求可持续发展而承担的风险以及他们愿意实施的变革运营方式的举措。

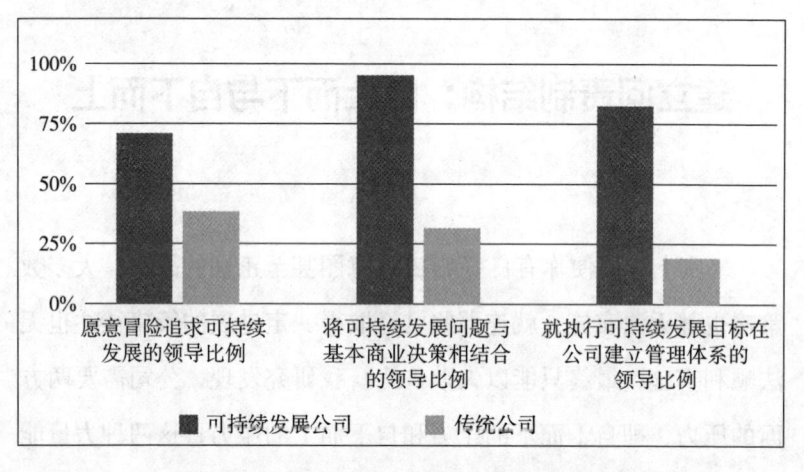

图5-3 可持续发展公司与传统公司的领导者比较

还有一个看起来很有效并且已被许多公司试过的想法，那就是将高管的薪酬与公司在可持续发展方面取得的成果挂钩。微软就是如此，它将高管薪酬与丰富工作场所的多样性挂钩，其首席执行官萨提亚·纳德拉有1/6的奖金（2019年的奖金为1080万美元）与公司的多样性目标挂钩。多样性是科技行业的一个关键问题，为了确保产品和服务能满足不同群体的需求和利益，微软将高管薪酬与多样性目标挂钩的这一举动，是公司董事会做出的实实在在的承诺。能源领域的许多大型企业，比如必和必拓、荷兰皇家壳牌集团等，都已经将高管薪酬与碳排放挂钩，首席执行官20%~25%的奖金都跟公司在减少碳排放方面取得的成果挂钩。

有趣的是，货币激励可以用于相对容易实现的项目，但对于那些需要大量投资或新运营结构，且更为重要的可持续发展项目来说，其动机不再是追求货币奖励，这可能与我们的直觉相悖。开展最终能产生长期影响的创新项目，以及设定具有挑战性的目标并避免纸上谈兵，才是有效激发整个公司潜力的最有力的方式。

2012年，我写了一篇关于全球领先材料公司陶氏的文章。陶氏致力于实现"零事故愿景"，其设定的目标不是减少而是完全消除工厂事故的发生。关于如何实现这一目标，陶氏当时毫无头绪，但它认为这一目标会激发工程师和其他外场监督主管的集体智慧。最终，陶氏实现了这一目标，10年内成功避免了大约1.3万人受伤，并在此过程中成功提高了生产力，推动了企业文化的发展。

多伦多大学的乔迪·格雷瓦尔、影响力加权会计组织的戴维·弗赖伯格（David Freiberg）和我分析了800多个有关气候变化的公司目标，发现与保守的目标相比，大胆的目标更有可能实现。[1]一旦公司设定了艰难的目标，那么这意味着更多的投资、更重大的运营变革、更多的创新和责任，因而艰难的目标更有可能实现。在这种情况下，货币激励会带来负面影响，公司追求看似遥不可及的目标反而会取得好的结果。

这可能跟企业文化有关,企业文化在商业组织中具有相当强大的作用,会自下而上地改变组织的思维方式,但这同时要求组织必须有自上而下的指示。雄心勃勃的目标会激励公司上下有雄心的员工,而且能使他们明白这些结果很重要。我发现,当目标难以实现时,将成就与薪酬挂钩所带来的压力会抵消积极影响。你要做的就是毫无畏惧、大胆地让公司各个层面都做出承诺。动力,也就是创新和变革的积极意愿,是至关重要的,也是我们面临的下一个难题。

围绕公司目标构建文化:面向光明

飞利浦一直以来都是灯泡领域的领头羊。2018年,飞利浦将其照明事业部拆分为一家独立的公司昕诺飞。近年来,飞利浦将业务重心从生产寿命有限的灯泡产品转向提供可持续照明服务,该服务包括交互式LED(发光二极管)照明系统和传感器网络,以及用于住宅、办公室和温室的智能照明。目前,飞利浦82.5%的收入来自可持续产品、系统和服务,这超过了它原本设定的到2020年达到80%的目标。

从提供(浪费型)产品到销售(可持续)服务,公司目标的改变激发了员工的工作动力(形成自下而上的思维方式),并创造了一种让公司全员齐心协力追求可持续发展的企业文化。如果公司高层之外的人员感受不到真正的承诺，或者没有实现目标的方向，公司的战略性举措就会以失败告终。

之前有一家跨国服装公司邀请我去公司总部进一步了解其可持续发展战略。在跟公司高层管理人员交谈的过程中，我感受到了他们的承诺和情感投入，这令我深受震撼。第二天，我走访了该公司各门店负责采购的中层管理人员和一线工作人员，情况则完全不同了。正如一名员工告诉我的那样："所有的战略性对话都只发生在高层。在这里，我们只有一个目标，那就是向客户销售产品（无论客户是否需要），并以最低成本完成采购。"

这是个鲜明的例子，它很好地体现了一点：目标对于整个公司来说都是至关重要的，结合已经确认的、具有战略意义的、可以解决的ESG问题来寻找目标，是公司产生影响力的重要环节。医疗保健公司诺和诺德做任何事都有对应的价值框架，以此平衡财务、社会和经济这三方面的因素。酿酒公司百威英博自上而下向员工注入带有可持续发展因素的目标，它认为员工的参与会让公司目标更有可能实现。保险公司安泰的首席执行官推出了员工健康计划，从而让公司的目标不仅仅针对利润，还针对员工健康。

必要的运营变革：建立信任型组织

确定战略目标、建立自上而下的问责制结构，以及围绕公司目标构建文化，并不能保证目标的实现。第四步关于运营，可持续发展公司需要将可持续性融入它所做的每一件事。

关于这一点，我在几家公司身上看到了一种思维方式，那就是爱彼迎创始人所说的"建立信任"。这一使命使爱彼迎在2020年成功上市，市值超过800亿美元。爱彼迎的联合创始人乔·格比亚（Joe Gebbia）说，爱彼迎成功的原因不仅仅包括提供住宿服务，还包括公司自身的信任文化，而该文化必须渗透到公司运营的方方面面。房客只有信任房主，才会愿意住房主的房子；房主只有信任房客，才会愿意让房客住。双方都需要相信，爱彼迎是他们的安全后盾，会为他们调解纠纷并处理一切问题。如果信任文化没有完全渗透到公司上下，那么无论公司怎样对外宣称自己的商业模式有多好，比如房客只要另付费用就可以将陌生人带回租住的地方，它听起来都是荒谬的。

优步在运营模式上借鉴了相同的想法。就拿深夜跟陌生人同坐一辆车来说，如果没有一个个慎重做此选择的用户信任这一模式，那么这一业务根本行不通。这些公司不只是在业务外围谈论安全问题，而是在产品的每一个阶段，在公司的每一个层面（从首席执行官到一线员工），都做出了非常明确的决定，"建立信任"已经融入公司的骨血。

虽然爱彼迎和优步不一定是可持续发展方面的领导者，但基于对信任的强调，它们为如何经营房子和车子提供了全新的方案。信任是可持续发展的核心，能够使公司推出新的战略，而成功实施新战略反过来又会产生信任。信任让公司变得更具可持续性，而可持续性能够带来更大的信任。

有趣的是，爱彼迎和优步并没有彻底颠覆传统的生意之道。这两家公司都是从零开始逐渐发展起来的，因此更容易将客户满意度和客户价值融入它们所做的每一件事情。对于一家已经形成相关系统和商业模式的传统公司来说，运营方面的变革是另一种过程。我研究发现，就像一家公司要先学会爬才能跑一样，转而采用注重积极社会影响的运营结构，可能看起来并不像是突如其来的全面变革，更像是一种进化（见图5-4）。

从图5-4可以看出，公司先首要树立和提高可持续发展这一概念的权威。通常情况下，公司会指派专人（有时候是首席可持续发展官）来负责ESG方面的工作，基本上一开始都是级别较低的管理人员，比如可持续发展经理。这些人最开始负责协调公司可持续发展方面的工作，而他们的职位最初可能是很不成熟的、分权的，分散在公司各处。能为他们的工作提供支持的是那些恰好有兴趣或有动力追求特定目标的个别员工，公司的首席执行官通常没有太多的参与。最初负责可持续发展工作的员工通常没有太大的权力，而且来自不同的背景。这些人之前往往参与过ESG方面的工作，或许这只是他们先前工作的一部分。他们是推动公司迈向下一步甚至更高阶段的倡导者。

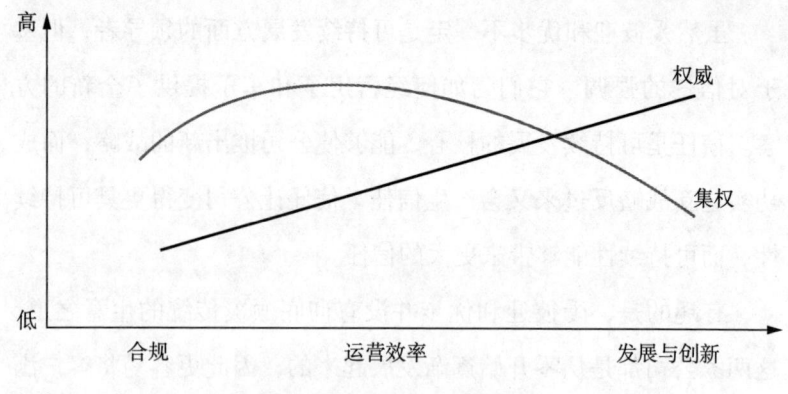

图5-4 公司转变运营结构的过程

（纵轴：高—低；横轴：合规　运营效率　发展与创新；曲线：权威、集权）

一旦可持续发展被设定为公司目标，负责可持续发展工作的这些人就可以开始巩固权力了，同时协调整个公司在这方面的工作。他们往往从减少浪费和提高资源利用效率入手，并让越来越多的内部利益相关者参与其中，从而为后续工作的推进积攒有用的支持力量。国家地理是全球最大的教育和科学领域的非营利组织之一，该组织的首席可持续发展官汉斯·韦格纳（Hans Wegner）说，尽管国家地理报道了气候和其他社会问题，但作为一家非营利组织，它在帮助地球方面却没有发挥自己的作用。为此韦格纳提出了一个新的可持续发展愿景，并获得了该组织首席执行官的批准，包括零浪费和碳中和目标，以及改善员工健康。韦格纳针对这一系列举措构建了商业模式，这有助于引导该组织进入可持续发展的下一个阶段。

我在课堂上分享过捷蓝航空的案例，这家航空公司成立于1998年，以"把人性带回航空旅行"为使命。2011年，该公司意识到自己在可持续发展方面可以做得更多，并且发现自己在回收利用等问题上落后了。捷蓝航空每年会扔掉1亿个易拉罐，但却没有任何回收计划。为此，公司聘请了可持续发展领导者索菲娅·门德尔松（Sophia Mendelsohn）来负责可持续发展工作。门德尔松先尝试与公司各个部门的经理以及投资者关系小组接触，进而了解了她的工作环境。起初，她推出了一些小项目，比如减少发动机清洗期间的用水量、推行客舱服务无纸化。她推出这些项目是为了快速取得一些成果，以此获得更高的知名度和全公司的认可。

接下来，她的项目扩大了。她将公司的核心业务与可持续发展目标联系起来，并通过一项长期协议达成了历史上最大的一笔可再生航空燃料采购交易，而此类燃料的成本与传统航空燃料相比具有竞争力。这既减少了碳排放，也降低了公司最大成本项（燃料）的价格波动性。

正如门德尔松所做的那样，将可持续发展问题与更大的公司目标联系起来，是公司进入可持续发展最后阶段的方式。在花了一些时间将权力集中在高级首席可持续发展官身上后，公司现在要做的是将工作分散，并把各项工作还给各级员工。一家公司必须先花精力建立专门的可持续发展部门，围绕一位领导者协调相关工作，并赋予该领导者完成工作所需的一切权力，然后转而废除这种模式，将工作交还给各个业务部门，并放弃集中决策。这样做似乎有悖常理，但你如果仔细想想，就会发现这其实是有道理的。公司要想开发更环保的产品，就必须拥有负责执行这一工作的产品开发人员，而不是一个单独的可持续发展部门。公司要想改善整个供应链，就需要让供应链上的每个人都投入精力，而不是仅依靠一个供应链以外的部门。

这是许多公司都在努力解决的问题，也是为什么可持续创新很难实现。"放权"是公司面临的最棘手的挑战之一，因为财务主管不一定习惯考虑ESG问题，研发负责人也不一定习惯在研发产品时优先考虑地球的需求，每个部门的负责人都有自己的工作议程、专长领域和待办事项清单。无论是专门负责考虑这些问题的人，还是负责考虑公司方方面面的人，将ESG问题放在公司发展的首位都需要付出巨大的努力，这与公司文化中的信任理念息息相关。在一个信任度低以及存在背后中伤和不诚实文化的公司中，不可能有重要决策的授权。放权是一种有利于将公司目标扩散到整个组织的策略。重要决策的授权对公司来说是一种进步，基于这种进步获得的竞争优势难以被模仿。只有某个东西难以被复制，公司才会有竞争优势。能否做好重要决策的授权，是公司发展壮大的关键。

与投资者和世界沟通：重要信息

最后一步关于沟通。事实上，可持续发展所带来的某些好处是经过很长一段时间才积累起来的。公司的转型变革可能需要数年甚至数十年才有效果,这是一项挑战,尤其是在青睐短期财务报告和季度收益报告的商业环境中。致力于可持续发展的公司的首席执行官需要抵制短期主义,最简单、最直接的方法是:探讨长期目标。我的研究表明,很少有公司会这样做,尽管它们对"季度资本主义"表示担忧。公司需要实实在在地与投资者沟通自己的长期思考,并向投资者说明自己选择投身于可持续发展领域的原因。

公司可以对谁来投资以及投资者想要什么产生影响,也可以引导讨论方向,鼓励长线投资者前来投资。在2019年被武田药品工业收购之前,总部位于英国的生物技术公司夏尔就是这样做的。夏尔将ESG问题整合到了其发展战略和财务报告之中,并发现致力于长期投资的机构投资者增加了其持股份额,直到它实际上持有的股份比那些短期主义投资者持有的股份多。

公司需要与投资者建立信任关系,而这正是许多公司失败的原因。这些失败的公司认为,向投资者透露一些一般的想法就够了,但这对获得投资毫无作用。公司不能只是断断续续、零零碎碎地透露自己的想法,而是要跟投资者持续沟通,不断完善自己的计划,并向投资者提供一系列完整且透明的报告。你如果想打破现有市场格局——就像推出电动汽车的特斯拉和推出替代牛奶制品的欧特力那样,那么势必会面临诸多变数,而且事情的发展不会一直如你所愿,你可能需要花费比预期更多的时间。向投资者解释自己为何与众不同,以及为何自己最终会获得竞争优势,对于公司留住投资者(以及媒体、客户和员工)并获得支持至关重要。

前文介绍了各种沟通工具：从采用各类标准（例如由可持续发展会计准则委员会制定的准则）到沟通重大问题，再到采用综合报告和影响力加权会计，以及通过各种信号来表明公司致力于解决ESG问题的决心。当然，信息披露必须是完整且前后一致的，公司不能进行选择性披露——只突出积极的一面而模糊消极的一面，并且公司的披露方式不能影响投资者对不同公司之间差异的判断。信息披露的重点是展示公司所取得的进步，并方便不同公司之间进行有效比较。

捷蓝航空的索菲娅·门德尔松对自己在公司的工作充满信心，她的实际行动包括：增加可持续发展报告，让公司自愿遵循可持续发展会计准则委员会发布的各项指南，促进公司利用当前存在的、对航空业来说重要的特定问题来推动行业改革。捷蓝航空是首家通过在飞机上安装鲨鱼鳍（翼尖的弯曲延伸部分，也称为翼尖小翼）来提高燃油效率、减少碳足迹的航空公司。索菲娅还致力于促进公司使用可再生航空燃料，以及增加员工培训和提高员工认可度。捷蓝航空还是首家承诺披露与气候相关的财务信息的航空公司。短短几年，无论是可持续发展方面的工作，还是关于该工作的沟通交流，捷蓝航空都进行了彻底的转变。

我曾与一个名为CECP的组织合作，这个组织致力于帮助首席执行官制定战略，与利益相关方沟通长期计划，以及了解如何将ESG问题融入公司的方方面面。在短短两年时间里，从美国联合包裹服务公司到国际商业机器公司，再到安泰保险公司，共有40多家大公司的领导者采用了CECP的框架，并向管理资产超过25万亿美元的投资者说明了公司的战略将如何带来长期竞争力，以及如何为社会创造巨大的价值。总而言之，公司的举措不仅仅是公布数据，还包括通过每一个可能的渠道积极传播信息。采用CECP提供的计量和报告工具可以是一个开始，但信息传递必须融入公司的所有行动。

最好的情况是，公司改变自身性质，成为一家共益企业或福利企业。这可以向投资者、客户、员工和其他利益相关方发出强烈信号，表明公司认为ESG问题很重要，而且这些问题是公司做出商业决策的幕后推动力。

Vital Farms是一家遵循道德规范的鸡蛋和黄油生产商，该公司所做的每一件事都体现了其宗旨，即它在官网上说的"致力于把良心食品带上餐桌"，而且它对动物、员工、客户、气候变化和世界的承诺都呈现在其官网的显著位置上。Vital Farms于2009年成立于得克萨斯州，并于2017年成为一家共益企业，目前与全美200家家庭农场都有合作。该公司在其网站上写道："人性地对待每只母鸡，每颗鸡蛋都是在农场生产的。我们将继续提高自身（和行业）的标准，将创始人马特·奥海尔（Matt O'Hayer）承诺的'道德高于利润'进行到底。"[2] 2020年，马特·奥海尔和我是同一场活动的发言嘉宾，当时他告诉我："我们的产品不但有利于社会，而且味道更好，消费者很喜欢。"这种结合正是它成功的秘诀。短短几年时间，Vital Farms就从一家小型农场发展成一家市值超过10亿美元的大公司。

即使是再小的公司，也可以将ESG问题放在首位，并从多个角度出发将沟通交流作为其战略的一部分。Burlap & Barrel是一家只有三名全职员工的共益企业，致力于向全世界提供特定来源的烹饪香料，例如肉桂、肉豆蔻、辣椒等。大多数香料的供应链又长又复杂，从而导致来自不同国家的香料最终混在一起，这意味着优质香料跟劣质香料混在了一起。而且这些香料从一个仓库运到另一个仓库，最后运到杂货店，有时候整个过程甚至会有20多个转运点，这导致香料变得越来越陈旧。Burlap & Barrel公司大大缩短了供应链，直接对接与其建立合作关系的农民，将最新收获的香料直接送到消费者手中。没有了中间商，Burlap & Barrel公司向农民支付的价格可以达到一般货价的2～10倍，而消费者只需支付与杂货店售价相当的价格便可以获得更优质、更纯净的产品。

Burlap & Barrel公司每年都会发布一份社会影响力报告，概述它是如何帮助世界各地的农民的。通过帮助农民获得比商品市场更高的香料收入，并与他们合作，共同承担更多的供应链环节的工作（例如自己清洗、分类和烘干香料以及做好出口准备工作），Burlap & Barrel公司让农民有更多的代理权来决定种植种类以及种植方式。该公司分享了一位名为唐·阿米尔卡·佩雷拉（Don Amilcar Pereira）的农民的故事。这位农民最初只是一名小豆蔻采摘工人，后来慢慢拥有了危地马拉唯一的一家一体化小豆蔻农场，他自己种植、烘干、运输和包装香料，最终成了一名支持当地社区的成熟农民企业家。

此外，Burlap & Barrel公司注重的不仅是社会影响。其联合创始人奥利·佐哈尔（Ori Zohar）解释说：："产生社会影响只是额外的奖励，更重要的是如何利用这种影响让消费者获得更加美味的食材。"[3]该公司的故事特别有趣的一点是，公司的社会使命改变了它与客户、合作农民的沟通方式，而这些改变反过来又改善了它的产品。

佐哈尔还说：："农民通常不知道是谁在购买他们的香料，不知道这些人怎么使用香料，而这会对他们种植何种作物产生巨大影响。我们为他们提供所需的一切信息，帮助他们种出更美味的香料。"[4]佐哈尔进一步解释说：："在商品市场，香料通常是按颜色和大小分类的，可能跟味道没有多少关系。"唐·阿米尔卡·佩雷拉一直在卖个头很大的绿豆蔻，这是市面上唯一需要的绿豆蔻。他在与Burlap & Barrel公司进行直接合作后，培育出了一种更成熟的、带有果香和花香的、味道更甜的黄色豆蔻。虽然大多数采购者对这种豆蔻不感兴趣，但对于消费者来说，这种豆蔻更有吸引力。

佩雷拉还说服该公司购买了另一种作物——晒干的黑酸橙，这种作物在中东地区很受欢迎，但在美国很少见。随着大家对地中海和中东美食越来越感兴趣，这种黑酸橙很快便得到广大家庭的喜爱，成为公司最受欢迎的五种香料之一。如果没有跟合作的农民建立直接的关系，Burlap & Barrel公司就不会知道这种香料，消费者也就没有机会购买，佩雷拉也就失去了重要的收入来源。源于社会使命的沟通和交流最终以多种方式推动公司发展。

做得好：奖励

将前面所说的各方面结合起来，由此产生的效果会在数字上有所体现：如果一家公司找到了可持续发展道路，那么它在金融市场上的价值将增长3%以上。但这做起来并非易事，无论规模大小，只有全员齐心协力并将战略、问责、文化、运营和有效沟通相结合，公司才能从中获益并造福全世界，同时成为所在行业的领军者。

在下一章，我将研究公司如何从更广泛的角度来思考这些问题。上文所说的3%从哪里来，公司又如何从中获益？换句话说，为什么坚持可持续发展会使公司成功？我总结了成功公司所利用的六种机会原型，下一章会对此进行分析。

第六章

机会原型：公司如何获取价值

我在本书分享了不同公司的故事，你可能注意到了这些故事中存在的共同主题：有的公司在改变其当前的商业模式，有的公司推出了全新的业务，有的公司为了适应不断变化的社会期望和规范而改变了自己的内部流程，等等。这些并不是漫无目的的努力，公司借此向商业领袖和投资者展示自己的发展蓝图，即公司利用这些社会趋势找到胜利机会的多种方式。

本章我将分享自己对上述举措的看法，并详细阐述我总结的六种机会原型。总体来说，这六种机会原型代表了公司通过"做好事"来获取价值的大多数方式。

- 新模式或新市场：通过具有环保或社会概念的新产品和新方案来提高收入，这往往针对的是新市场。在新的市场中，这些新产品和新方案有助于公司找准自己的市场定位。
- 业务转型：转换现有的与公司目标不一致的产品或服务，以更好地实现一致性。

- 单一经营整合：基于由新的环境或社会因素直接催生的模式，推出全新的业务。
- 替代产品：根据世界各地出现的更为广泛的环境或社会问题，使公司产品因特点突出而优于竞争产品。
- 运营效率：通过以ESG为重点的举措来提高资本回报率，该类举措通过减少公司的环境足迹、提高工人生产效率或其他类似方式来帮助公司节省资金。
- 价值认知：跟随业内ESG领导者的脚步，汲取新的认知，从而推动公司市值成倍增长。

以上六种机会原型的失败风险和其对现状的潜在干扰程度不尽相同。前三种机会原型会给公司带来极大的上升潜力，但它们同时伴随着巨大的风险；后三种机会原型不太可能会给公司带来突破性成果，但其风险较低。

图6-1对此进行了说明，其中纵轴代表潜在价值创造，横轴代表实施风险，阴影框代表跟新的市场主体和企业领导者的努力有关的机会原型（尽管在某些情况下，传统公司也会开发新市场或单一经营业务），虚线框代表成熟的传统公司的机会，其余两个框代表新兴公司的机会原型。

毋庸置疑，每种机会原型在潜在价值创造和实施风险方面都存在差异。例如，业务转型比单一经营整合的实施风险高，如此一来，前者的潜在价值创造要超过后者的。换句话说，这些机会原型可以在潜在价值创造和实施风险方面相互融合。

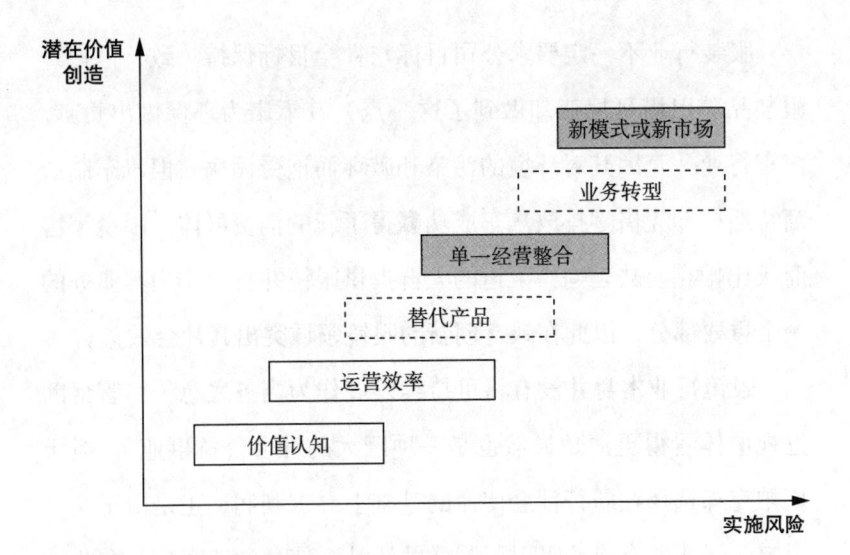

```
潜在价值
创造 ↑
                              ┌─────────────┐
                              │ 新模式或新市场 │
                              └─────────────┘
                        ┌ ─ ─ ─ ─ ─ ─ ┐
                        │  业务转型    │
                        └ ─ ─ ─ ─ ─ ─ ┘
                  ┌─────────────┐
                  │ 单一经营整合  │
                  └─────────────┘
            ┌ ─ ─ ─ ─ ─ ─ ┐
            │  替代产品    │
            └ ─ ─ ─ ─ ─ ─ ┘
      ┌─────────────┐
      │  运营效率    │
      └─────────────┘
┌───────────┐
│ 价值认知   │
└───────────┘
                                              → 实施风险
```

图6-1　六种机会原型

下文逐一对每种机会原型进行了讨论，分析了这些机会原型如何在现实世界中发挥作用，以及公司如何获得这些机会。

新模式或新市场：展望未来

如果公司的使命能够与社会趋势保持一致，并带来新的客户市场，那么并不是公司业务中的所有要素都必须产生价值。这种机会原型与那些环境和社会影响突出的公司有关，而这种影响会成为其所售产品或服务的代名词，从而推动公司实现增长。

服装行业不一定要求公司目标与社会目标保持一致，但户外服装品牌巴塔哥尼亚却做到了这一点，其承诺为环保做出贡献。汽车行业一直因其对环境的污染和破坏而饱受诟病，但汽车制造商特斯拉却凭借零排放汽车成功赢得了新的消费群体。眼镜零售商沃比帕克向缺乏购买渠道的人群提供眼镜并将此作为其业务的一个重要部分，以此在缺乏创新的眼镜领域突出其社会效益。

眼镜行业本身并没有将可持续发展作为当务之急（尽管帮助近视群体看得更清楚显然也是一项巨大的社会公益事业），但沃比帕克却选择在履行社会使命的基础上寻求利润。正是由于这一决定，沃比帕克成功吸引了同样关注社会使命的新客户。在此过程中，该公司找到了能够帮助自己在全球范围内打响名声和品牌的新市场。沃比帕克每卖出一副眼镜，就会向有需要的人赠送一副眼镜。在该公司看来，这绝对不是在做慈善。其联合创始人兼联合首席执行官戴夫·吉尔博（Dave Gilboa）在接受《福布斯》杂志采访时表示："我们认为从长期角度看，对社会使命的投资会给公司带来相当高的投资回报率。"[1]

沃比帕克认为，只有捐赠远远不够，还要更加深入地参与其中。沃比帕克的眼镜捐赠计划在多个方面推动了其自身的发展。例如，公司派出大批员工与非营利合作伙伴一起向有需要的人赠送眼镜，让员工亲眼见证公司对发展中国家的影响。吉尔博坚信，公司履行社会使命会获得竞争优势，能够让公司与员工、客户产生共鸣。这与第二章提到的将公司目标与消费者和员工的愿望相结合的社会趋势是一致的。随着社会态度的改变，这些举措成了沃比帕克等公司培养消费者忠诚度、增加粉丝量的有效方式。

在前面的章节中，我分享过联合利华的例子以及该公司对提供更健康产品的承诺，联合利华的案例也适用于这一机会原型。公司业务中的一个要素促使公司让自身业务与社会使命保持一致，进而借此脱颖而出并成为市场领导者。

业务转型：投入精力进行可持续变革

面对新的环境或社会问题，许多公司不得不试着进行彻底的业务转型。但正如我在哈佛商学院的同事丽贝卡·亨德森（Rebecca Henderson）教授所写的那样，很少有公司能够转型成功。想想柯达从胶片摄影转向数码摄影的失败，或者诺基亚从功能手机转向智能手机的失败。最近，许多传统汽车制造商也在试图从内燃机汽车向电动汽车转型，或从销售汽车向销售"交通即服务"转型。

公司进行彻底的业务转型会面临诸多障碍，包括建设新的基础设施、进行员工再培训、产生文化问题、出现组织惰性以及失去公司最初成功时所依靠的不可转移的竞争优势。但对于少数成功的公司来说，业务转型带来的好处是巨大的。

如果你只看芬兰纳斯特公司制作的精美视频：郁郁葱葱、干净舒适的陆地风光和海景，以及在蔚蓝的天空中不停转动的风车,那么你永远也不会想到,就在不久前,纳斯特还是一家专注于炼油和卖油的公司。如果2008年你在德国东北部目睹了丹麦丹能公司大力建设大型燃煤发电厂,那么你不会相信十多年后,这家公司成了全球海上风电领域的领头羊,而且有了新的名字"沃旭能源"以及全新的业务。

纳斯特和沃旭能源都认同"未来的能源必须是清洁的"这一理念。纳斯特现在是全球最大的可再生柴油和喷气燃料生产商,并且承诺到2035年实现碳中和,它通过创新循环解决方案来实现对碳的反复使用。纳斯特在《企业爵士》发布的"2021年全球最佳可持续发展企业百强榜单"中位居第四,这是该公司连续跻身该榜单前四位的第四年。[2]

沃旭能源在2020年的该榜单中排名第一,在2021年比纳斯特高出两个名次。2009年,沃旭能源85%的热力和电力都来自煤炭,为此该公司设定了目标,争取到2040年扭转这一局面,实现85%的热力和电力来自可再生能源。2019年,沃旭能源以惊人的速度提前21年达成这一目标,并正式宣布其86%的能源来自可再生能源,该公司已然成为全球最大的海上风电供应商。

对于沃旭能源而言,这一切的源头还要追溯到该公司在德国建造大型燃煤发电厂时所遭到的反对。沃旭能源海上风电业务的首席执行官马丁·纽伯特(Martin Neubert)在2020年告诉麦肯锡:"这是第一个明显的信号,它告诉我们世界准备朝着不同的方向发展了。"[3]

纽伯特解释说:"我们讨论过公司未来的增长领域有哪些,

在哪些领域已经达到了临界规模，在哪些领域有较好的竞争力，在哪些领域可以脱颖而出。很明显，其中一个领域是风力发电。2006年并入沃旭能源的6家公司中，有3家公司已经在开展风力发电业务了。"[4]

沃旭能源调整了业务方向，组建了一个50多人的团队，致力于可再生能源项目，并努力克服了想要保持旧运营方式的内部压力。纽伯特说，当时公司员工都认为自己是世界上最会跟煤炭打交道的人，而且他们不想转行。后来，美国的天然气价格下跌，公司的财务状况发生变化，突然向风电业务转型这一举动对员工来说变得容易接受了。

沃旭能源如今已经脱离了石油和天然气业务，并计划在2023年退出煤炭行业。该公司计划到2025年实现碳中和，并且正在寻找更多可以实现可持续发展的途径。纽伯特称："拓展新视野、寻找新的业务领域对于沃旭能源来说至关重要。"[5]

与此同时，沃旭能源的投资者从公司转型中获利颇丰。截至2021年3月，在大多数能源股出现负收益的情况下，沃旭能源的股价上涨了300%以上。除了沃旭能源，纳斯特的股价上涨了将近400%。这些都是业务转型为公司带来的巨大胜利。

许多新兴机会都属于这一类原型：公司的现任领导层构建新的战略愿景，并将这一愿景与公司的竞争力结合起来，将公司的产品和服务转向与新的环境和社会问题相一致的新增长领域。这种机会原型的实施风险较大，但取得巨大成功的可能性也较大。

单一经营整合：征服新大陆

你的公司可能没有面临需要将现有业务过渡到新领域的情况，但是社会趋势会催生出新的业务，它会在以前可能被认为是毫无意义的商业模式下运作。例如，墨西哥公司 Cultivo 开发了一种先进的人工智能技术，用于分析卫星图像和寻找贫瘠的农田。

Cultivo 由电气工程博士曼纽尔·皮努埃拉（Manuel Piñuela）创立，该公司锁定了可以通过优化耕种方式（例如土壤再生）来提高生产率的地区。这种可再生土壤能改善碳吸收、创造碳补偿，Cultivo 将其出售给希望管理碳足迹的公司。出售碳补偿所赚取的大部分收入都回到了小农户手里，他们从 Cultivo 的业务中获得收益，从而大力提高农田的生产力，全新的碳补偿收入由此产生。这是农民、Cultivo 和地球的"三赢"。

曼纽尔告诉我，未来五年，Cultivo 的目标是投入 10 亿美元并为各种项目（包括森林、草原、湿地和可再生农业方面的项目）提供资金支持，以恢复至少 350 万公顷的土地。这个目标虽然艰巨，但有很大的实现空间。全球有近 7 亿人处于极端贫困状态，其中很大一部分是小农户。Cultivo 的商业模式为这些小农户创造了新的收入来源，从而可以缓解贫困，改善数百万家庭的生活。

此外，为了避免气候变化给人类带来最具灾难性的后果，作为地球的共同居住者，我们需要在21世纪中叶实现净零排放。要想实现这一目标，我们需要制订负排放解决方案，也就是说，我们从空气中吸收的碳要比我们排放的碳多。为此，我们可以利用碳捕获与储存等技术手段，或者实施保护森林、恢复土壤吸收能力等基于自然的解决方案。许多公司都试图进行技术创新，Cultivo目前正利用相关技术来实现自然方面的创新。曼纽尔认为到2030年，基于自然的解决方案至少有助于实现30%的碳减排目标，但这类项目目前获得的资金仅相当于分配给碳捕获总资金的3%左右。该公司的使命是填补这一资金缺口，并将投资转向恢复自然、保护生计，从而为投资者创造良好的经济回报。在墨西哥北部，Cultivo就是这样做的，它将一个草原项目创造的碳补偿卖给了墨西哥国际航空公司，这为投资者带来了巨大的投资回报。

一个类似的例子是AppHarvest公司。就像这家公司自己喜欢说的那样，AppHarvest是一家连接农民和未来主义者的共益企业。该公司的技术可以使室内农场以减少90%用水量的方式生产更多的作物，而且不用任何化学杀虫剂，但产量却是传统农场的30倍，农民可以全年轮番耕种，从而实现一年12个月的创收。尽管该公司仍处于早期发展阶段，但它在2021年成功上市，估值超过10亿美元。

创立和维持这类公司需要毅力，有时为了坚持初衷和使命，甚至要牺牲一些经济利益。如果这些公司不顾自身的使命，那么其核心竞争优势以及品牌和产品之间的真实联系都会毁于一旦。

同时，单一经营结构可以让公司保持专注，不必担心因传统业务而承担责任。

替代产品：可以做到

有时候，公司根本不需要改变产品或业务，因为不断变化的环境和社会问题会让一些产品越来越有吸引力或者没有吸引力。但这并不意味着公司什么都不用做。当机会出现时，使公司的创新方向与新出现的环境或社会趋势保持一致是极其重要的。波尔公司成立于1880年，最初是一家玻璃制造公司。多年来，该公司逐渐实现了多元化，现在是世界上最大的可回收铝饮料罐制造商之一（消费者熟知这个品牌是因为它的家庭罐装产品，尤其是玻璃瓶，但实际上，波尔公司已于1993年卖掉了该业务，并把它的商标许可证转让给了收购者）。铝饮料罐出现于20世纪60年代，其受欢迎程度起起伏伏。20世纪90年代，越来越多的软饮料转向使用塑料瓶，同时精酿啤酒厂的增多让玻璃瓶的使用更加广泛，因此铝饮料罐的需求下降。[6]但随着社会认识到了塑料污染问题，市场重新兴起了使用铝饮料罐的潮流。

一次性塑料需要长达400年的时间才能分解，而每年倒入海洋中的塑料垃圾就有800万吨，相当于全球每1英尺（约等于0.305米）的海岸线就有5个塑料袋）。[7]鱼类、海鸟和其他动物都面临着被塑料勒死的危险，或者因为误食塑料而损害健康。塑料垃圾一旦进入海洋，就会分解成极小的微塑料，我们根本无法将其回收。随着越来越多的人意识到了这一点，近年来出现了塑料瓶被铝饮料罐取代的趋势，因为铝饮料罐能以相对较低的成本被无限循环利用。虽然开采用于生产铝的铝土矿是一个碳密集度相当高的过程，但如果一家公司可以创建一个用于铝回收的循环模型，那么这件事在整体上将变得非常环保。

从塑料瓶到铝饮料罐的这一转变，让波尔这样的公司在一个曾经没落的行业中重获生机。目前市面上70%的新款饮料都使用铝饮料罐，尤其是不断增长的苏打水和硬苏打水，而在几年前，这一份额只有30%。尽管核心产品跟之前相比并无变化，但波尔公司突然间就成了ESG方面的领军者。

总而言之，仅靠运气把你的企业转变为当下被视为有社会责任感的企业是不够的。2011年，波尔公司在马萨诸塞大学阿默斯特分校政治经济研究所发布的"100家有毒公司"名单[8]中，被列为美国前100家空气污染企业之一。从那时起，波尔公司以前所未有的方式投身于可持续发展。目前，该公司是第一家设定了科学碳排放目标的瓶罐制造商，承诺到2030年将碳排放减少55%。[9]此外，该公司于2022年实现了100%使用可再生能源，并且在《福布斯》杂志发布的"全美多元化公司"名单中位居首位。2020年有位基金经理跟我说，波尔公司目前是所有可持续发展基金的"必争之地"。

当然，波尔公司的业务从塑料瓶转向铝饮料罐并非出于被动。该公司投资于真正的创新，致力于使易拉罐更轻、更具可回收性并且可重新密封，从而使其对消费者来说更适用。因此，截至2021年3月，波尔公司的股价上涨了140%以上（对比同期标准普尔500指数上涨了88%）。

从波尔公司的故事中可以看出，公司如果能找到可以突出产品可持续性特点的方法，并朝着可持续方向发展，就可以真正转型成为ESG方面的领导者。许多公司都有这样的机会，它们的产品可以替代那些会引发新的环境和社会问题的产品，而且它们可以战略性地利用这种转变来增加收入、拓展业务。

运营效率：价值驱动

这种机会原型可能不像其他原型那么令人兴奋，但它也能为大多数公司提供广泛适用的解决方案。公司如果能够找到可以提高运营效率的方式，尤其是当提高后的运营效率与当前社会中的环境和社会趋势相一致的时候，那么并不一定要从根本上改变自身的业务。如今无数家公司都已经意识到，在环境和社会方面付出努力可以为公司节省资金，并提高公司的运营效率和生产力。

我之前写过关于化工巨头陶氏的文章，让我印象深刻的是，即使处在一个污染和事故不断的艰难行业，陶氏依然在追求极为重要和有意义的环境、安全和健康目标的同时，大幅度提高运营效率。[10]

为了实现目标，陶氏需要在1996—2005年投资10亿美元，这笔投资能产生5倍以上的总价值。陶氏的这些远大目标不但避免了13 000人受伤，而且比其他公司减少了10 500起化学品泄漏、破管或溢流事件。陶氏的固体废物量减少了16亿英磅[①]（相当于415个足球场大小的、1米高的废物垃圾堆），用水量减少了1 830亿英磅（相当于17万个美国家庭的年用水量之和），能耗减少了900万亿BTU[②]（相当于800万个美国家庭的年能源使用量之和）。

直到今日，其运营效率仍在继续提升。陶氏针对2015—2025年设定了一系列新目标，这些目标截至2020年已经为陶氏节约成本共计5亿美元。例如，该公司之前在巴西安装新的盐井，这导致路堤变得不稳固和不安全。对此，陶氏没有继续全面深挖或利用钢筋混凝土进行传统的硬化，而是用当地现成的石头和加强植被来稳固路堤。与其他解决方案相比，建造这堵"生命墙"帮陶氏节省了资金，同时减少了90%的碳排放，也减少了对当地森林的影响。

陶氏并不是要从根本上改变自己的业务，而是通过改变自己的使命和设定新的目标，获得相关效率收益。随着时间的推移，这些收益总计可达数十亿美元。

---

① 1英磅约等于0.454千克。——编者注
② BTU是英国热量单位，1BTU约等于1.055千焦耳。——编者注

价值认知：走在市场前面

最后一种机会原型关注的是那些通过与社会和环境问题保持一致来创造价值的公司，但这些价值尚未在其市值中体现出来。这里的隐藏价值对投资者来说非常重要。如果投资者可以先人一步识别这类公司，那么一旦这类公司的价值被广泛认可并且估值翻倍增长，投资者就可以从中获得巨大收益。

我将在下一章更加深入地从投资角度讨论物有所值的重要性，但公司估值的提升不仅可以提高投资者（注意，每个人都可以通过买养老金而成为投资者）的投资收益，还会产生其他重要的影响。就公司提供的股权激励计划或持股计划而言，公司估值的提升可为大量员工创造财富，还能使具有相同目标的公司将其股票作为一种货币来扩大规模，从而为世界做更多的好事，具体方法包括制定更好的融资条款或通过高价值股票来收购其他公司。

这里以新纪元能源公司和美国爱依斯电力公司的故事为例。随着时间的推移，这两家公司在开发可再生能源发电项目方面都取得了重大进展，不仅可以避免碳排放价格上涨所带来的监管风险，还能为客户提供新的、更具可持续性的产品和服务。

新纪元能源公司在推动业务朝着更加可持续的方向发展时，引起了广泛关注并赢得了投资者的青睐。《金融时报》称新纪元能源公司是全球最大的清洁能源公司。当新纪元能源公司的市值超过了石油和天然气巨头埃克森美孚时，媒体对新纪元能源公司进行了大量报道。[11]相比之下，在很长一段时间里，关于美国爱依斯电力公司的报道很少，这可能是因为它的规模较小。但是，美国爱依斯电力公司是全球电池储能领域的领军者，而且近年来已经成为全球第五大太阳能开发商。[12]

从2016年到2020年初，这两家公司的股价表现非常相似。但到2020年中，美国爱依斯电力公司的市值是其营业收入的4倍，而新纪元能源公司的市值是其营业收入的30倍。对处于相似领域的公司来说，这是一个极大的差距。随着市场最终看到了美国爱依斯电力公司的努力，从2020年中到2020年底，该公司的股价上涨幅度超过了100%，而新纪元能源公司的股价仅上涨了30%。

关于公司如何创造价值，市场估值和公司交易量的倍数增长是我讨论的最后一个机会原型。当然，为了得到该机会，公司必须真正在环境和社会方面付出努力，并且要么表明公司未来面临的风险会降低，要么表明公司未来的增长大于预期。在这些案例中，与其说公司在改变，不如说是市场最后发现了公司。

投资者的作用：不仅仅是逐利

上文六种机会原型展示了公司如何在新的环境中创造巨大的价值，以及做好事可以成为推动公司成功的巨大动力。随着这些机会原型的出现，潜在价值创造变得明显，投资者越来越有兴趣了解如何利用ESG方面的数据来做出更好的投资决策。2018年，牛津大学的阿米尔·阿梅尔-扎德（Amir Amel-Zadeh）和我一起记录了投资者对这一方面的兴趣的增长数据，记录显示，管理着约31万亿美元资产的投资者正通过风险和价值创造这一关键视角来看待ESG问题。

然而，正如后文所说的那样，这不仅仅是投资者在一旁观望并期望获得收益的问题。关于驱使公司与ESG问题保持高度一致以及确保这种发展趋势持续下去，投资者起着至关重要的作用。投资者可以评判过去十年间发展出来的、用于衡量公司ESG绩效的一系列指标，他们对这些指标的理解相当重要。在激励公司继续寻求可持续发展以及当公司失败时让其负起责任这两方面，投资者发挥着关键作用。投资者有巨大的力量，可以确保公司有越来越多的理由继续努力做得更好。

第七章

投资者推动变革：不仅仅是负面筛选

2017年，一项股东决议（反对该公司董事会的建议）迫使能源巨头埃克森美孚披露其在气候变化方面的努力对其业务的影响。该决议以62.2%的票数通过，这是一个巨大的信号，表明股东关心环境问题，并且推动公司朝着保护地球的方向前进。

有趣的是，就在一年前，一项类似的股东决议失败了，只获得了38%的票数支持。当时，我写了一篇关于那次投票的短文，并预测埃克森美孚未来可能会看到股东激进主义的力量。但我没有意识到，这项决议仅仅在一年后就通过了。就在我写这本书的时候，埃克森美孚的股东激进主义发挥了更大的作用。

"一号引擎"由成功的科技投资者克里斯·詹姆斯（Chris James）创建，该组织正在领导一场股东运动，以改革埃克森美孚。其网站Reenergize XOM敦促股东推动埃克森美孚"走向可持续发展，包括在清洁能源方面进行更多的投资以及对减排目标做出承诺"。[1]正如克里斯告诉我的那样，埃克森美孚是一个很好的例子，这一变革可以让股东和利益相关方都受益。因为从历史上看，双方都遭受了损失：该公司的股票收益率在过去几年里为负，因为它释放了大量的碳。为了改变这一状况，转向清洁能源将有利于公司、股东和环境。令人震惊的结果是，由于股东投票反对公司管理层的建议，"一号引擎"中的董事候选人在埃克森美孚的2021年度股东大会上获得了三个董事席位。

埃克森美孚并不是例外。2020年10月，跨国消费品公司宝洁（全球最大的50家公司之一）67%的股东投票赞成一项提案——限制其供应链中的森林砍伐，这违背了该公司董事会的意愿（董事会坚持认为公司做得足够多了）。[2] 全球最大的资产管理公司贝莱德支持该提案。

你可能会问，这些案例对大多数个人、小企业或员工来说真的重要吗？这些公司不一定会作为毁灭地球的元凶而登上新闻头条，毕竟，不是所有人都能成为积极的投资者，并运用股东权力推动大公司以更可持续的方式行事。

但在大多数情况下，我们可以成为积极的投资者。

在某种程度上，几乎所有人都是投资者，无论是在市场上投资，还是通过退休金账户中的指数基金投资，又或是监督那些管理我们养老金计划的人的行为。在我们的经济体系中，投资者拥有很大的权力，社会给了投资人很多决策权。投资者可以选举上市公司的董事，这些董事对公司的行为有着巨大的影响。投资者有权获得公司的剩余收益，并有权强制公司代其行事。如果着眼于可持续发展在很大程度上已成为一家公司保持长期繁荣的关键——我希望我已经有效地证明了这一点，那么投资者有责任推动公司朝着这个方向发展。

正如我们在埃克森美孚、宝洁和其他公司身上看到的那样，投资者绝对在这样做。以埃克森美孚为例，我们的世界已经从一个十年前基本上不关心这些问题的世界，变成了一个华尔街和其他领域的许多参与者都理解ESG因素的重要性，并关注和参与这些问题的世界。

我研究了"气候行动100+"等举措，这是一个由投资者主导的、始于2017年的行动，旨在敦促最大的温室气体排放国就气候变化采取行动。³世界上一些管理着超过52万亿美元资产的投资者联合起来，呼吁167家大公司做出改变，这些公司的温室气体排放量占全球的80%。这包括空中客车、英国石油公司、可口可乐，涉及汽车制造商、矿业公司等。到目前为止，这一行动取得了一定成果，各大公司纷纷承诺制定具体而积极的碳排放目标。

在宏观层面，投资者认识到了这些问题的重要性——大型机构投资者需要确保一百年后仍有一个可以投资的世界。在微观层面，正如我们所看到的，他们当然也认识到了这一点（获得更高的回报）。

本章，我将解释社会是如何发展到投资者如此关心这些问题的地步的。我还会讨论各个层级的投资者应该如何思考ESG与财务绩效之间的相互作用，并阐述最大的市场参与者是如何展示其所支持的公司对提高ESG表现的承诺的。最后，我会谈谈投资者可以做些什么来让投资界专注于推动公司朝着有利于保护地球的方向发展。

图7-1显示了投资者的承诺，展示了已签署并遵守《负责任投资原则》的投资者所管理的资产。《负责任投资原则》起源于联合国内部的一项行为准则，2005年引入这些原则时还一无所有，但到2020年，签署人管理的资产已超过100万亿美元，涵盖了世界各地绝大多数投资者的资产。[4]

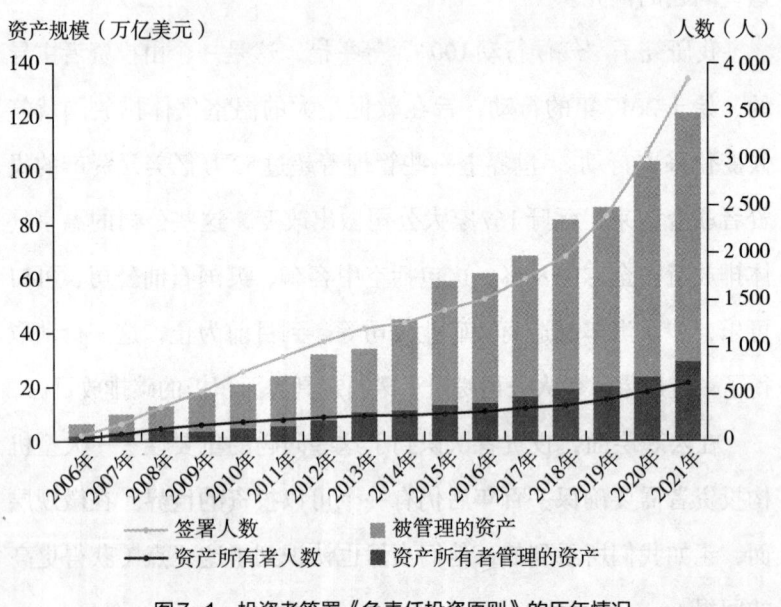

图7-1　投资者签署《负责任投资原则》的历年情况

ESG投资：需要的不只是行善者和负面筛选

在2019年《巴伦周刊》的一篇文章中，我描述了自己与以前的一名学生的对话，她当时就职于全球最大的私募股权公司之一，并且是一颗冉冉升起的新星。她描述了自己让公司在决定投资方向时关注ESG表现的艰难经历。她料到我会说，这是每家私募股权公司都会面临的问题，同时在商界，人们的思想仍停留在米尔顿·弗里德曼时代。然而当我们交谈时，我意识到事情根本不是这样的，她所在公司的反应完全超出了常规。意识到世界发生了如此大的变化，这种感觉是很美妙的。

不幸的是，对于她的员工和客户来说，她的公司仍然停留在之前的时代里，那个时代的数据给大家带来的关于商业趋势的证据还不明确。在很长一段时间里，考虑ESG问题被投资者视为一种赔钱行为，或者更委婉地说，这是一种可能回报世界的方式，但不是实现经济价值的实际驱动力。当投资者考虑社会责任投资时，他们会将投资组合中的一小部分资金投资于明确致力于社会或环境问题的公司，但在他们的意识里，这笔投资主要用于做慈善，而不指望它能盈利或成为投资组合中的重要部分。

这在很大程度上是因为几十年来，投资者对于将ESG问题纳入投资分析缺乏理解。我再次强调，这与透明度和数据有关。开始ESG投资非常简单，就是进行所谓的负面筛选——从投资组合中剔除烟草和酒精类公司，或者将卷入丑闻的公司排除在外。乍一看，负面筛选似乎是推动公司向积极方向发展的良好开端，但是公司领导者为什么要冒着让潜在投资者把公司筛掉的风险呢？目前还不清楚负面筛选最终会不会产生积极影响，而且出于几方面原因，它很可能弊大于利。

首先，利用负面筛选来推动公司真正实现变革的唯一途径是，有足够多的市场参与者参与其中，这样被筛选出来的公司的资金成本就会显著增加。如果你通过制造融资问题和压低估值来让一家公司的经营成本变高，那么理论上这应该会影响该公司的行为。但不幸的是，在某一时刻，公司的估值下降到足够低的程度，以至于一个除了利润不关心其他任何事情的私募市场买家很可能会介入。这个时候，筛选并不重要了，因为这家公司不再寻求融资。

私募股权投资背后的动机就是收购被低估的上市公司。如果负面筛选真的会对公司产生影响，那么合乎逻辑的结果很可能是，这些公司将从上市公司转变为私人公司，它们的行为会更加不透明，并削弱他人改善其行为的能力。这当然不能被视为一个好的结果，也不能成为鼓吹投资者进行负面筛选的理由。

其次，负面筛选这一概念并非出于财务考虑，而是出于社会考虑，它"玷污"了所有关注ESG的企业，使其对利润以外的东西产生追求。这里有个假设是，如果你关注这些问题，你就会受到个人价值观而不是财务绩效的驱动，你甚至可能面临违反投资经理受托责任的风险。我早期写的一篇关于这个主题的论文（与扬尼斯·约安努教授合著），研究了20年来华尔街分析师的投资推荐。[5]我们的研究表明，在20世纪90年代，行业专家实际上对那些在可持续发展方面表现强劲的公司提出了更为悲观的"买入—卖出—持有"建议。那些以有益于社会的方式行事的公司不仅被忽视了，还受到了惩罚。传统思维是，一家优秀的ESG

公司必须专注于利润以外的东西，因此，行业专家并不指望该公司未来的利润表现出色。

随着时间的推移，如图7-2所示，这一想法慢慢逆转，行业专家的建议开始变得不那么悲观，最终，对于企业社会责任得分较高的公司，他们的建议变得更加乐观。偏见消失了，投资界开始意识到，ESG努力不但没有破坏公司的价值，而且事实上，ESG努力与业绩的增长呈正相关。分析师看到的数据与企业一样：从战略角度看，ESG努力可能是重要而有意义的。

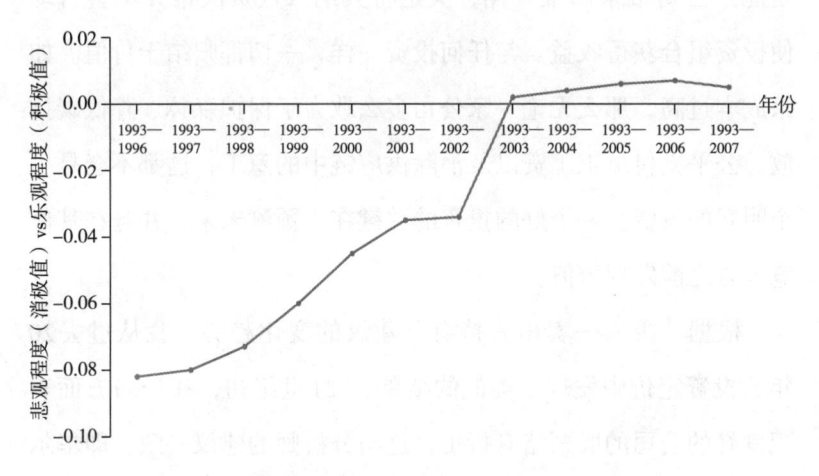

图7-2 与同行相比ESG表现较强的公司的投资建议变化

我的研究表明，随着数据的完善，污名逐渐消失，投资者——从更有经验的分析师开始逐渐渗透到行业的其他人士——意识到ESG绝对是战略杠杆。从那时起，投资者开始积极参与"气候行动100+"以及埃克森美孚和宝洁通过的股东决议等倡议,但这只是一个短暂的飞跃。

一种新的抄底方式:未被认可的ESG价值

当然,让投资者认可ESG并不像上面的故事听起来那么容易。到目前为止,我们知道ESG并不是万能的,正如它并不总是能给公司带来回报一样,决定将其纳入投资决策并不会自动使投资组合获得收益。与任何投资一样,一切都归结于价值。如果成本过高,那么无论一家公司多么致力于保护森林、降低碳排放、公平支付员工工资以及消除供应链中的童工,这都不会是一个明智的投资。一个好的投资的关键在于预测未来,并赶在其他竞争者之前发现价值。

根据"买入—卖出—持有"建议的变化趋势,我从过去20年的投资定价中发现了类似的结果。[6] 21世纪初,在ESG方面表现良好的公司的股票略有折价,这与分析师的建议一致,即华尔街认为良好的ESG表现对公司来说意味着昂贵的成本,而不是收益。通过分析2 000多家美国公司和类似数量的国际公司的数据,我发现这种折价慢慢消失了。2010年之后,这种折价变成了溢价,因为人们开始意识到,展望未来,ESG表现强劲的公司会发展得更好。

如图7-3所示,2016年底唐纳德·特朗普当选美国总统,之后这种溢价趋势就完全崩溃了。投资者担心监管环境会发生变化，在一个激励机制可能不支持这些行为的世界里，成为一名强有力的ESG执行者将失去意义。然而事实证明，支持新商业趋势的力量比政治力量更强大。到2017年初，溢价完全恢复。

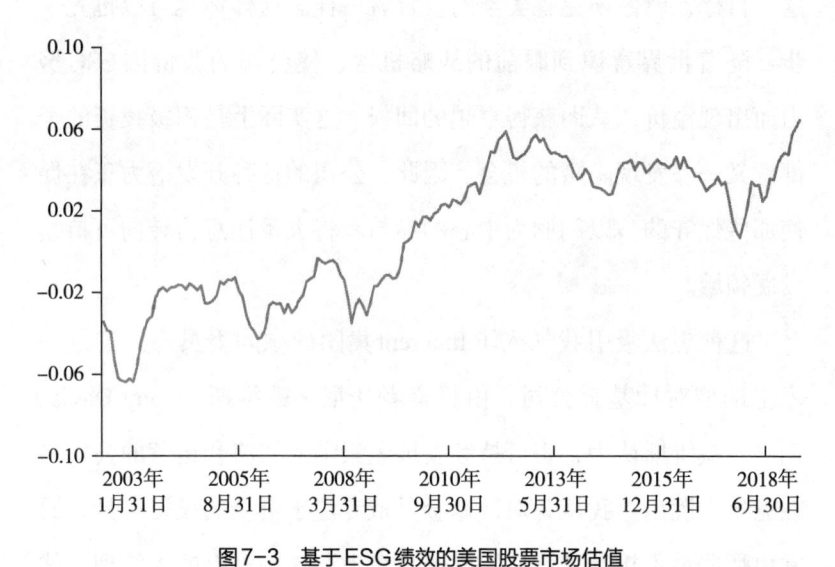

图7-3　基于ESG绩效的美国股票市场估值

我们已经能够使用人工智能来衡量不同公司的公众喜爱度了，这是特别令人惊讶的地方。我的研究发现，ESG表现同样出色的公司，即那些被公众看好、公众喜爱度得分很高的公司，其表现并没有超出预期，它们的市盈率处于一个合适的位置，而且它们的ESG表现已经体现在其股价中了。但另一方面，公众喜爱度得分还不太高，但有强大的ESG战略和业绩的公司，未来的表现会更好。像爱依斯电力这样的公司，其在ESG方面的表现还没有得到认可，具有开发潜力，而且仍有价值有待确认。

如果你是一名投资者，那么你要找一家默默无闻但很快就会被注意到的公司。最好的情况是，你如果能找到一家尚未将ESG潜力最大化的公司，就可以成为一名积极的投资者，帮助它实现这一目标，就像埃克森美孚的投资者一样。这样你就可以抢先一步，随着世界意识到眼前的战略机遇，使公司的股价因ESG努力而出现溢价，从而获得卓越的回报。这实际上是积极投资的全部意义——发现隐藏的机会。因此，公司的这种开发潜力正在促使那些保守的、以利润为中心的参与者将大量注意力转向可持续发展领域。

这种想法吸引我加入了Inherent集团的顾问委员会。这是一家主动型对冲基金公司，由投资者托尼·戴维斯（Tony Davis）创立。戴维斯认为，将可持续发展因素纳入战略和运营的公司将在竞争中胜出。我认为对冲基金是最专注于资金的投资工具，通常由那些最不接受"软性因素值得考虑"这一观点的人管理。戴维斯在职业生涯早期获得了巨大的成功，这让他在40多岁就退休了，但他又回到这个行业并创办了Inherent。正如他在2018年向我解释的那样，他觉得可以利用自己的投资技能，帮助企业在ESG问题上实施有意义的变革，这是一个千载难逢的机会。

一方面，Inherent积极寻找有潜力通过更好的ESG表现来提高股价的公司，然后投资它并与其管理层合作，向他们施加执行压力。另一方面，当看到公司站在与可持续发展趋势相反的一边时，Inherent会做出卖空决定，以期未来在股价暴跌时获利，这是一种对双方都有利的方式。

可持续发展：下一代

戴维·布拉德（David Blood）是世代投资管理公司的联合创始人和高级合伙人，该公司是首批将可持续分析完全纳入投资决策，并宣布长期专注于可持续绩效的投资公司之一。该公司成立于2004年，当时管理着4亿美元的资产，截至2020年，这一数字已经接近300亿美元。在过去的12年里，该公司拥有表现最好的基金之一（在全球169只股权基金中）。多年来，我一直在研究该公司长期投资决策中可持续因素的重要性，因此它的成功并不令我感到意外。

世代投资管理公司过去的发展经历让我想起了大约10年前，我在洛杉矶向资产配置者和家族办公室管理人员以及其他基金经理所做的一次演讲。这是一群充满质疑的人，他们仍然对ESG投资的重要性持怀疑态度，认为这会牺牲回报，而且他们不相信我的数据。我的演讲结束后，一位观众告诉我，他一直是一名怀疑论者，但世代投资管理公司改变了他的想法。他在投资世代投资管理公司名下的基金时没有任何期望，把这项投资与其他投资分开来看，想着自己也许可以做些好事，但从来不相信这真的是一项有利可图的投资。后来，世代投资管理公司的表现超过了他所有的主流投资，他最大的愿望是在主流投资上获得更多的回报，但他的期望与实际情况完全不符。

你可能还记得雷尼尔·英达尔和他的公司苏玛股权，这是一家专注于ESG问题的私募股权公司，投资超过10亿美元。雷尼尔在哈佛商学院的课堂上解释了将可持续因素纳入公司所做的每一个决策，会有什么样的挑战和回报。苏玛股权是一家与众不同的投资机构，所以即使有时它不是出价最高的公司，别的公司也愿意被它收购。在创业者看来，苏玛股权是一个值得信赖的合作伙伴，可以加强公司的目标感，并且能够创造超出其他潜在投资者的价值。

除了这两家公司，我还可以举出许多其他例子。我从2015年开始与约翰·斯特尔（John Streur）合作，他当时是卡尔弗特的首席执行官，这是一家专注于社会责任和可持续发展的投资公司，也是最早推出社会责任投资产品的公司之一。即使在这个领域工作了30多年，卡尔弗特在向投资组合经理阐述自己的观点时仍然面临阻力。由于该公司对数据的理解不足，投资者纷纷离开，转而去别处投资，他们不相信卡尔弗特的使命与明智的、财务绩效稳健的投资一致。在短短几年时间里，该公司管理的资产损失了数亿美元。约翰和我更深入地研究了推动可持续发展公司成功的因素（特别是可靠数据的重要性），以及投资者最终如何才能接受这一愿景。到2020年，该公司管理的资产增加了近两倍，达到300多亿美元，并且获得了明智的、有研究支持的可持续投资回报。

还有一些例子。

凯雷集团是世界上最大的私募股权公司之一，它认为可持续发展是一个巨大的改变因素。它在2018年写道："作为资本的管家，凯雷的使命是明智地投资并创造价值。过去十年，我们加强管理的方法之一是进行可持续发展实践。简单地说，健全的ESG实践可以改善我们的投资流程和结果。"[7]

摩根士丹利在2013年成立了可持续投资研究所，目标是在五年内筹集100亿美元并将其用于可持续和影响力投资。但实际上，它远远超过了这一目标，目前管理的客户资产达250亿美元。在我组织的一次会议上，摩根士丹利的首席可持续发展官奥德丽·崔（Audrey Choi）对350名听众说："没有人预料到会有这样的增长，许多人最初对该研究所持怀疑态度，但事实证明他们错了。"[8]

这并不是说每个人都这样做生意。事实上，雷尼尔经常谈到许多私募股权公司的营销方式涉及"漂绿"。它们说得对，但不一定付诸行动。他认为苏玛股权的竞争优势正在发挥作用，因为人们现在看穿了"漂绿"行为，认识到了苏玛股权所做的事情是不同的。雷尼尔确实在推动公司做出改变，这不仅能帮助世界，还能降低风险、提高回报、颠覆行业、改善供应链。虽然不是每个人都会像雷尼尔那样全心全意地投入，但大部分人都认为在投资时考虑可持续因素很重要。

为什么还有人没改变？这不是一个反问句，这个问题真的很重要。在某种程度上，被甩在后面的是那些仍然停留在旧范式中的人，他们仍然认为ESG投资意味着负面筛选。他们没有看到我和同事在过去十年所做的研究，没有看到同行的改变，也没有理解为什么行业发生了变化。有些人已经取得了成功，因此他们忽略了ESG因素，觉得没有必要做出改变。这并不是说把相关因素结合起来无法改善公司的表现，而是说成功会滋生过度自信并产生惯性，鼓励人们坚持他们一直在做的事情。但每一个帝国最终都会衰落，每一个明智的投资策略最终都会随着时间的推移而失去效力，因为知识在更新，行业也在采纳领导者的新想法。那些不接受新商业趋势的人将被抛弃，就是这么简单。

底线：创新问责制

读到这里，我相信你可以看到，可持续投资运动现在已经取得了胜利。与几年前相比，这一领域完全不同了。今天，众多投资者的所作所为显示了他们对新商业趋势的理解，并反映出他们对整个社会的深切关怀。更重要的是，我们逐渐看到了金融市场的创新，而且这种创新不只是依赖于投资者所相信的研究结果，还以非常有意义的方式将ESG结果与公司利润联系起来了。

2020年9月，全球制药公司诺华宣布在医疗保健行业发行首只可持续发展债券。我之前提到过可持续发展债券，例如谷歌的债券承诺，公司将投资可持续发展领域，并向员工展示公司真正关心的问题。诺华的债券承诺，公司如果到2025年无法达成一系列患者准入目标，就会向债券持有人支付更高的利率。这些目标与肆虐发展中国家的疟疾和麻风病等疾病的全球药物供应有关。诺华在新闻发布会上称："此次发行债券代表着公司进一步将ESG纳入业务运营，并以持续的、透明的方式传达公司的进展。"[9]

意大利电力和天然气公司Enel在2020年发行了类似的可持续发展债券，它承诺如果公司没有实现可持续发展目标，那么债券利率将提高25个基点。[10]这类债券和其他可持续贷款工具为良好公司行为提供了强有力的财务激励，并促使公司真正兑现承诺。三年前，它们还不存在；而现在，在我撰写本书时，已经有数千亿美元通过这类工具在市场上流通。可持续发展成果与公司的底线如此紧密地联系在一起，这令人感到惊奇。公司如果想要获得更便宜的资金，就必须做正确的事情。

在某种程度上，这一切都回到了负面筛选，但并不是昨天的负面筛选。现在，我们可以用更有意义的方式进行负面筛选。与可持续发展相关的金融工具可以帮助我们轻松筛选出没有达到目标的公司，因为它们的利润显然受到了未能采取可持续行动的影响。我是纽约州第一个脱碳顾问团的六名成员之一，这个顾问团是由纽约州州长和纽约州共同退休基金的审计长任命的。纽约州共同退休基金管理着2 200亿美元，我们的任务是确保该基金免受气候变化带来的金融风险。

该基金没有做出简单的撤资决定——这是一个流行的政治策略。顾问团的每个成员都收到了许多支持者的电子邮件，最终我们建议采取多管齐下的方法：为每家公司设定最低标准，规定公司要想让该基金继续投资所必须达到的目标，如果公司达不到这些目标，那么我们将撤资。该基金还向积极提供气候解决方案的投资项目注入了数十亿美元。这是一个将数据应用于实践的极好的例子，也清楚地表明了公司ESG表现不佳的风险：如果你想让纽约州共同退休基金继续投资你的公司，你就要以地球为重。[11]

这些问题对养老基金来说很重要，也许对大多数投资者来说更重要，因为他们知道世界需要在未来一百年内保持良好的状态，以便足够支付他们的养老金。这就是为什么投资化石燃料项目对养老基金来说如此危险。如果这些业务消失了（由于监管或者由于这些公司所制造的气候变化风险被迫内部化），那么他们的投资可能会化为乌有。撤资作为一种流行的策略并不是一个完美的选择，但它确实表明人们更加关注和关心这些问题了。

水野弘道曾是规模达1.6万亿美元的GPIF（日本政府养老投资基金）的首席投资官，现在是特斯拉的董事会成员，他是我在哈佛商学院课堂上的常客。他解释说，管理养老基金意味着需要从百年视角考虑问题，而不是下一个季度或下一年。GPIF几乎拥有世界上所有大型上市公司超过1%的股份以及日本所有大型公司超过5%的股份，因此它有巨大的能量来影响商业领袖。几年前，水野弘道有一个惊人的见解，这改变了我们对大型投资者的看法：他意识到，基金经理可以努力寻找正确的投资，从而使投资组合比平均水平好一点点，这样就没有人会抱怨；或者，这位基金经理可能会意识到，这只基金的规模如此之大，几乎投资了所有领域，如果市场下跌10%，那么只损失9%并不是什么大的胜利，与其满足于在低迷的市场中有一点点出色的表现，不如做点什么，让市场在一开始就不损失那10%。

水野弘道说，他开始质疑资产管理公司的传统评估模型，他和团队不是试图打败市场，而是提出了普遍所有权概念。他说："我们拥有宇宙，所以我们无法打败宇宙。"他把时间花在了让宇宙变得更可持续上。

水野弘道决定，他不仅要让自己的工作变得更好，还要让这个世界更美好。"一位管理养老基金的经理告诉我，我们的工作是省钱，而不是拯救地球。"水野弘道2021年春天在我的课堂上说，"有人告诉我，我看起来像一个宗教领袖，而不是一个金融专家。他们说我违反了受托人的义务，并试图用各种理由来反驳我，但我问他们，如果我们的孩子甚至都不能在外面玩，那么你拿到全额养老金有什么意义？"

水野弘道的想法很大胆，但并不是每个人都能立刻看到光明。他的故事说明了大型投资者在改变世界这件事上拥有很大的权力和影响力。当然，我们不都是水野弘道，也不都掌管着庞大的养老基金。但这又让我们回到了本章开头的问题：个人能做些什么？

当然，你可以向所投资的资产管理公司施压，正如我在纽约州工作时发现的那样，这确实会产生影响。在英国，还有更公开的活动，每个人都可以参与。"让我的钱发挥重要作用"就是一项新的倡议，公民可以查阅他们的养老金，追踪他们的钱都投资到了哪里。[12] 该倡议宣称：" 英国的养老金投资约 3 万亿英镑，大部分资金流向了化石燃料、烟草和武器等有害行业。我们现在要求它做出改变，进行有利而非有害的投资，并确保我们投资的公司也这样做。"透明度是第一步，我们都可以要求公司做得更好。

不再是囚徒

我们如果退一步看待大局，就会清楚地看到：公司需要尽最大努力。然而，并非所有公司都能做到这一点。如果关注 ESG 问题没有给公司增加回报，而你的公司为了追求利润，对社会造成了负面影响，那该怎么办？尽管有证据表明，在一般情况下，ESG 表现良好的公司会优于竞争对手，但在某些情况下，事情并非如此。举个例子，有一个"客户不想付钱"的问题：有时候，消费者就是不愿意为绿色产品支付更多的钱。通常只有一小部分客户对环保产品感兴趣，而且不考虑价格因素。因此，通过昂贵措施以可持续方式来生产产品的公司会发现自己的成本更高，利润率更低，这是一个显著的竞争劣势。

另一个问题是时间。虽然在某些情况下，提高员工工资或选择具有社会责任感的供应商会带来长期经济利益，但公司面临的短期压力可能会让领导者不愿意进行此类投资。高管薪酬方案的短期化设计和董事会的有限评估范围,可能是此类决策的重大障碍。

这是一个经典的囚徒困境。

如果每家公司都被迫采取负责任的行动,那么我们将生活得更好,也没有公司会进行价格竞争。不过,每家公司都有动机去叛逃,并从中获益。如果只有一家公司叛逃,那么该公司只能获得经济上的回报,而地球在很大程度上仍然受到保护。但如果所有公司都遵循这个逻辑,那么它们都会叛变,从而造成集体性灾难。因此,制定一系列激励措施——让它们为了自己的利益而行动,非常有必要。

尽管这是一项艰巨的挑战,但找到合适的激励措施并不是不可能,例如我所说的"在竞争前合作",即同一个行业的各家公司聚集在一起合作,制定标准、生成数据、创造知识或推动产品开发。从采矿业到科技行业,我已经在几个行业看到了这类合作。它不同于共谋(为了保持高价或避免竞争对手进入市场而秘密合作的有害做法),因为这类合作是透明的、有益的。

例如,阿姆斯特丹的牛仔行业领导者在阿姆斯特丹应用科学大学的支持下成立了"负责任牛仔布联盟"(ARD),以帮助成员公司通过更可持续的方式生产牛仔布,从而最大限度地减少化学物质对水和能源的破坏。另一个例子是移动电话运营商行业,该行业制定了一个框架,以帮助其成员实现一系列目标,包括改善基础设施、减少贫困、提供优质教育和减少对气候的破坏。此外,国际矿业和金属理事会为矿业公司制定了透明度原则,全球农业综合企业联盟正在制定行业标准，以改善农民生计。

以这种方式联合起来的公司（各行各业还有很多这样的例子）正在改变行业规则和大众的期望。这使得其他公司难以不负责任地行事。没有法律强制，但有透明度，这往往足以让公司不偏离正轨。通过联合起来、制定标准、发布数据，特定行业的公司可以让那些不负责任的搭便车者的日子更加艰难。这类合作有助于向市场展示哪些公司致力于ESG问题，哪些公司在逃避责任。

投资者在这当中扮演着重要角色。我在研究中制定了关于投资者如何帮助各个公司建立和维持这类合作的框架，并且看到了进展。[13]例如，瑞典国家养老基金在2016年与一些投资者合作，帮助10家公司更好地管理鱼类和贝类供应链，同时与其他投资者合作，推动相关公司在购买刚果的钴矿时采取更可持续的策略。2018年，挪威养老基金与联合国儿童基金会合作，推动顶级时尚公司在整个供应链中扩大儿童权利、为儿童提供教育，以及帮助儿童健康成长。

根据图7-4，我们可以看到ESG问题的分解，这主要基于"单个公司的行动是否具有价值提升意义"。我们可以看到，当公司对共有物的管理与对客户资产的管理保持一致时，才会有合作价值。

现实情况是，作为一个要领取养老金的人，我们所有人都可以对环境和社会问题进行广泛的投资。我们可以投资多元化的投资组合，并长期持有。如果你现在30多岁，那么你的投资期限是50年。如图7-5所示，许多投资机构既表现出了较大的投资广度，又表现出了长期持有视野。

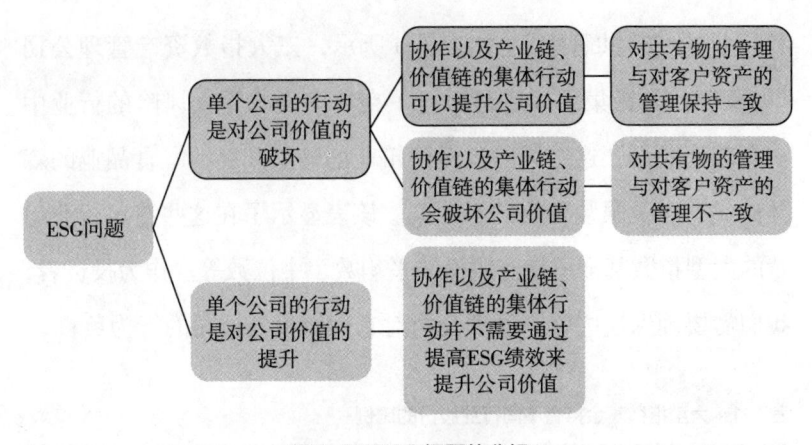

图7-4 ESG问题的分解

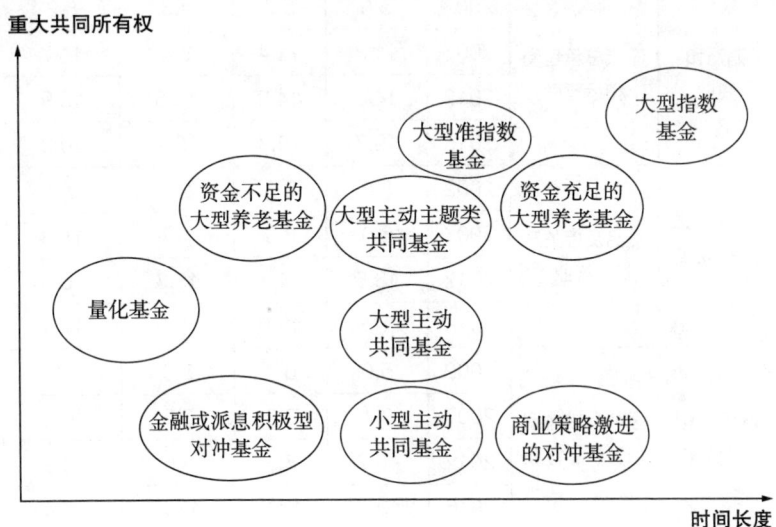

图7-5 投资机构的多元投资类型

表现出上述两种特征的基金，比如资金充足的大型养老基金或大型指数基金，在可持续领域非常重要，它们被视为许多问题和行业的"公共管家"。如表7-1所示,三大指数资产管理公司(贝莱德、先锋集团、道富银行)在许多面临重大风险的行业中占有较高股份,这些风险包括建筑业的贿赂和腐败、食品业的森林砍伐,以及服装行业的水污染。该表显示了在这些特定行业运营的大型指数基金所持有股份的平均数、中位数等。作为投资者,我们需要确保这些资产管理公司对它们所投资公司的行为负责。

表7-1 大型指数基金持有不同行业股份的比例

风险项目	行业	年份(年)	平均数(%)	中位数(%)	第一个四分位数(%)	第三个四分位数(%)
贿赂和腐败	建筑总承包商和运营商	2002	5.6	5.3	4.3	8.2
		2007	11.8	11.4	8.6	11.7
		2012	14.4	14.5	14.5	15.9
		2016	19.7	20.3	20.1	20.3
森林砍伐	食品及相关产品行业	2002	5.8	6.6	1.7	8.3
		2007	8.0	8.6	1.8	11.8
		2012	13.5	14.1	13.3	15.9
		2016	16.5	15.9	15.9	17.4
水污染和用水量	服装及其他织物类产品行业	2002	5.0	6.7	2.3	7.6
		2007	8.1	9.0	5.6	10.1
		2012	10.2	8.9	8.6	12.1
		2016	13.0	13.3	13.2	13.4
材料采购和冲突矿产	电子及其他电气设备、元件行业(电脑设备除外)	2002	7.4	8.1	7.1	8.5
		2007	10.4	10.4	9.2	12.6
		2012	13.1	13.7	13.5	13.9
		2016	16.9	17.0	16.7	18.2

（续表）

风险项目	行业	年份（年）	平均数（%）	中位数（%）	第一个四分位数（%）	第三个四分位数（%）
肥胖问题与顾客健康	餐饮行业	2002	8.1	9.0	6.9	10.3
		2007	10.5	10.9	9.5	11.7
		2012	13.9	14.5	13.0	15.0
		2016	17.5	18.1	15.6	19.0
产品的包容性、可获得性	教育行业	2002	5.0	5.3	4.5	5.3
		2007	9.1	9.0	8.6	11.0
		2012	14.4	15.7	13.4	16.5
		2016	13.2	12.7	12.7	17.7

一项调查发现，近3/4的投资者对可持续投资感兴趣，千禧一代专门瞄准ESG基金的可能性是其他投资者的两倍。越来越多的养老基金和家族办公室将ESG问题纳入投资决策，有相当一部分组织甚至在合同中提出了相关要求。

使ESG成功的指引

由于投资者的偏好不断增加，我们可以预测出资产管理公司会采取的行动。2017年，道富环球投资管理公司的首席执行官韩利诺（Ron O'Hanley）决定迈出大胆的一步。该公司发现自己通过指数基金成了许多公司的永久股东，而这些公司的董事会中完全没有女性。韩利诺认为这是错误的，公司需要采取行动。该公司董事会致力于多元化事业，这来自一个根深蒂固的信念，即性别多样性（以及由此带来的思想和经验的多样性）有利于实现更好的公司治理，打造更好的业务。为了打破所投资公司的"玻璃天花板"，道富环球投资管理公司发起了"无畏女孩运动"，并在华尔街放置了一座"无畏女孩"雕像。一家通常被认为是被动投资者的公司突然变成了主动投资者。

道富环球投资管理公司给所投资公司的领导层写了一封信，解释了为什么它们应该拥有多元化的董事会。如果这些公司没有做出任何改变，那么道富环球投资管理公司将在未来的年度会议上投票反对董事会的人员组成。结果，转变发生了。在道富环球投资管理公司投资的1 486家董事会成员全是男性的公司中，有862家（约占58%）在2021年至少增加了一名女性董事。[14]

帮助更多的行业和公司深入关注ESG问题，对所有投资者来说都是一项值得努力的工作。长期持有多元化的股票意味着投资者要面对整体经济风险，而不仅仅是一家公司的特定风险。腐败、机会不平等、气候变化等任何可能阻碍整体经济增长的因素，都会对投资产生负面影响。在整个经济中，对冲系统性风险将变得非常困难。

这并不意味着我们能做的就是购买指数基金，并期待大型资产管理公司说服企业，让它们相信ESG表现对它们的未来非常重要。现在，许多具有社会责任感的投资基金和组织，比如Ceres（一个倡导进行变革的可持续性非营利组织），向公司和大型投资者施加了真正的压力，要求它们采取负责任的行动。个人投资者越关心投资的环境和社会属性，资产管理公司忽视这些因素的可能性就越小。

我的研究表明，随着个人投资者对ESG的兴趣日益浓厚，一定会有越来越多的资产管理公司与相关企业合作，并试图推动它们做得更多、做得更好。资产管理公司需要将这些企业的参与度和努力视为是否向其投资的关键因素。在一个投资服务正被商品化的世界里，参与度是真正的差异化因素。我们并非无能为力，大型投资者当然也并非无能为力。

ESG与个人

作为投资者，我们虽然很重要，但通常都远离公司的真实业务。即使我们中的一些人可能在公司扮演领导角色，并且会提出一些要求，但这也可能会在时间或范围上受到限制。一些学生问我，如果他们不打算开公司或管理投资基金，那么ESG问题在他们的生活中还重要吗？我的回答是，当然重要。在这本书的开头，我谈到了商业的目的，以及我们开启职业生涯的原因。这就是我想说明的问题：我们为什么要做自己正在做的事情？我们都在努力追求生活和工作的意义，这个问题关系到我们所做的每一个决定。

在选择人生道路时，我们不可避免地会思考自己是否在努力让世界变得更美好。在最后一章，我将讨论这些问题是如何影响每个人的职业生涯的，以及你如何在充分了解目标和利润的关系后，开启你的职业生涯。你如何才能对社会产生最大的影响，如何才能选择正确的机会并找到最适合自己的道路呢？

第八章
一致性：现在还是以后

不久前，我以前的一名学生就一项商业决策向我征求意见。从哈佛商学院毕业后的几年里，他在事业上取得了巨大的成功。他在一家大型工业公司领导一个业务部门，对自己的工作还算满意，但他在寻找新的挑战。一家在环境管理方面表现不佳的能源公司曾与他接触，该公司正在寻找合适人选来领导一个更大的部门。这会让他的职业生涯再上一个台阶，他通常会对接受挑战感到兴奋，但他对环境问题很在意，并且一直致力于保护地球而不是损害它。

"我知道你要说什么，"他告诉我，"但我还是想问你，我应该接受这份工作吗？"

令他吃惊的是，我马上说："是的。"

一致或不一致：选择变革

我的回答可能会把你弄糊涂，就像一开始把他弄糊涂一样。为什么我建议他去为一个与社会趋势背道而驰的组织工作？在用大量篇幅解释了公司在这些问题上站在正确的一边不仅重要，而且是一项很好的商业战略之后，我为什么会鼓励学生做出这样的选择呢？

原因是一致性不是固定的。公司的一致性在几个月或几年里会发生变化，它并不总是完全不受我们的控制。我们都有能力把组织推向不同的方向。问题是如何发挥我们的影响力，让一个组织变得更好，以及我们希望自己在职业生涯中拥有什么样的经验。

我们都需要认真思考在职业生涯中，什么能给我们带来成就感，以及随着时间的推移，什么最能让我们感到满足。一方面，有些人选择在一个与自己的价值观高度一致的地方工作，比如专注于某个问题的非营利性组织。但随着时间的推移，这种一致性可能不会加深，甚至可能会随着他们和组织的变化而下降。

另一方面，还有一些人选择在一个可能与他们的目标不太一致的地方工作，比如我的学生。但是随着时间的推移，他们可以推动公司在各个方面取得更好的业绩，并显著改善这种一致性。

如果你能帮助一个组织变得更好，而不是在一个不需要你帮助的地方工作，那么你会获得更高的心理回报。事实上，你为地球做了更多的好事。我的直觉告诉我，如果技术娴熟、充满激情的商业领袖加入那些脱节的组织（有合理改进路径的组织），而不是那些已经在以正确方式行事的组织，那么世界会变得更好。

因此，我问我的学生对他来说什么更重要，是组织现在的一致性水平，还是这条线随着时间推移的斜率。图8-1说明了这个问题。想象一下：一个组织具有高度的一致性，但是这种一致性不会随着时间的推移而增长，甚至可能会下降。这就是图8-1中最上面的一条线所表示的。而另一种选择是：组织一开始的一致性水平很低，但由于你和同事的努力，随着时间的推移，它逐渐增长。这就是中间两条线所表示的。

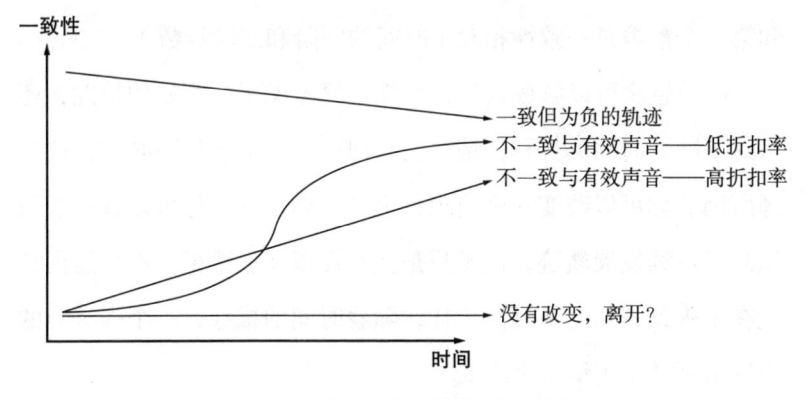

```
一致性
 │
 │──────────────→ 一致但为负的轨迹
 │         ╱───→ 不一致与有效声音——低折扣率
 │        ╱
 │       ╱  ───→ 不一致与有效声音——高折扣率
 │      ╱ ╱
 │──────────────→ 没有改变，离开？
 │
 └──────────────── 时间
```

图8-1　不同组织的一致性水平及变化

中间两条线的不同之处在于它们的变化速度。在一种情况下，组织的一致性多年来进展甚微，但随后会有指数级的增长；在另一种情况下，组织的一致性增长得较快，但呈线性，最终总体进展较小。两者之间的差异归结于耐心，我称之为"你自己的贴现率"。

底部的这条线是你需要避免的情况，这类组织最初的一致性水平很低，并且随着时间的推移几乎没有改进。在这种情况下，最有效的选择可能是离开这家公司。我曾见过有人根据个人喜好选择了前三条线中的任意一条。有些人会优先考虑最初的一致性水平（例如为一家提供有机食品的公司工作，或者为服务不足的人群提供医疗保健），而很少关心这种一致性是否会随着时间的推移而增长。另外一些人更愿意看到他们的努力和经验对组织的可持续发展轨迹产生了有意义的影响。

这变成了从三个参数中选择：你愿意接受的最低水平的一致性，你期望的未来增长程度以及增长的速度（在数学中，第二个和第三个参数是一致性相对于时间的一阶和二阶导数）。

这种想法可以解放人。如果你不只考虑了一开始的情况，还考虑了随着时间的推移，情况会有何变化，那么你不必被你的选择所困。你可以改变一个组织，也可以离开它。你可以看一下组织的可持续发展轨迹，而不只是担心你现在在哪里。你可能更喜欢在不一致的情况下开始工作，随着时间的推移，一个强有力的声音出现并给组织带来改变。

你不需要成为首席执行官

人们在遇到事情时常常会拖延，他们说，除非身居高位，否则你无法改变一个组织。其实不是这样的。我和同事的研究表明，实际上你不需要成为首席执行官才能实现想象中的那种改变。[1]就像在我关于公司目标的研究中，中层管理者的态度会影响公司利润和目标之间的关系一样，不一定只有公司高层管理者才能扮演非常重要的角色。

我的另一位学生的故事说明了这一点。乔纳森·贝利（Jonathan Bailey）于2012年加入全球咨询巨头麦肯锡，麦肯锡在为世界各地的公司和政府提供咨询方面有着巨大的影响力。事实上，在2020年民主党总统初选中，皮特·布蒂吉格（Pete Buttigieg）因为在麦肯锡工作而遭到了竞争对手的批判，这是因为该公司与许多大公司合作，但其中的许多公司并不是因为做了正确的事情而闻名的。

乔纳森从助理做起，一步步升到主管，最后成为初级合伙人。甚至在成为合伙人之前，他就在设计和实施一个新项目上发挥了重要作用，这个非常重要的项目是麦肯锡与加拿大养老金计划投资委员会共同推出的，旨在解决气候变化、良好就业和健全公司治理等重要的长期主义问题。这项工作成了一个更大的倡议的起点：创建一个新的非营利性组织，聚焦长期资本。世界上一些最大的公司和投资者都在倡导企业采取一种更关注长期利润的措施。

如果没有高级合伙人的承诺，这个项目就不可能启动，但乔纳森·贝利等人的认真工作和尽职调查让项目得以落地。

领导力在各个层面都很重要

成为一个有效的领导者（在组织的任何层面），意味着你要理解想要达到的目标，然后弄清楚如何采取正确的激励措施以实现目标。有些人认为，领导者只要有激情和情感，就能产生最大的影响。但我相信，当我们能够指出想要努力实现的具体目标，并且掌握实现这些目标所需的所有技能时，我们的效率会高得多。

联合利华的前首席执行官保罗·波尔曼推动公司走向可持续发展，不仅是因为他相信可持续发展的力量，还因为他是一个非常有效的领导者，对公司业务了如指掌。他掌握了数据，完全清楚什么样的行动会导致什么样的后果，因此他可以采取正确的措施来实现自己的目标。

任何重大改变都需要时间。这项工作是渐进式的，有时甚至是缓慢的，但渐进式的进步仍然是进步。如果一个组织正在努力实现50%的多样性，而现在只实现了10%，那么它不能因为没有立即达到50%就放弃。它可以达到12%，然后是14%、16%，积少成多很重要。

关于成功的正确要素

改变一个组织并不像我说的那么简单，我们的努力并不总会有回报。风险是存在的，从非常简单的风险——你无法改变这个组织且它仍然是不一致的，到丑闻曝光的风险，你和组织都会受到不可挽回的伤害。如果你接受了帮助一家公司进行转型的挑战，那么至少在一开始，你就会遇到阻力和挫折。

我们可以回到埃里克·奥斯蒙森的故事，我在第五章谈到了他在领导挪威最大的废品管理公司时遇到的个人挑战。从他的故事中我们可以学到很多东西，因为这涉及一个专注于创造一致性的领导者究竟能做些什么。埃里克的努力影响了整个公司，并将公司文化从"这是一贯的做法"转变为充满责任感，新的价值观产生了。[2]

埃里克最初从废品处理行业之外聘请领导者，这些人不会陷入竞争对手普遍存在的腐败行为。他试图尽可能地吸引最有才华的人：多元化、有技术天赋，并且与埃里克的价值观相同。埃里克对媒体完全公开，他告诉媒体，公司总会有新的不良行为被发现，他知道公司有着不可告人的秘密，并且相信秘密最终也会被发现。但他承诺自己不会隐瞒，这使得人们十分信任他。埃里克强调，现在的员工会说："我第一次觉得这家公司值得信任，值得骄傲。"[3]

在埃里克上任的第三年，该公司受到负面影响，损失了1.5

亿挪威克朗，客户也被前员工带走了。但现在，该公司比以前更强大了，从企业道德和经济的角度看都处于行业领先地位。它已经成为挪威第11家最受欢迎的公司，并且在工作环境方面排名第一。它现在不仅仅是客户的供应商，还是一个战略合作伙伴，可以帮助供应商变得更可持续，为它们提供回收材料，并带它们踏上可持续发展之旅。

不同于竞争对手使该公司脱颖而出，其改革努力成为媒体讨论的话题。这些努力极大地推动了该公司新业务的发展，提高了利润率，也提高了该公司在金融市场上的市盈率。

危险和警告标志

虽然埃里克取得了成功，但变革绝不是万无一失的。在进入一个一致性较低的组织并接受挑战之前，你应该先了解一下其中的风险和危险信号。你需要在一个乐于改变的环境中工作。如果公司领导者认识不到转型的必要性，你的努力就得不到支持，你会很失望。单凭一个人的力量（即使是首席执行官）不可能改变整个组织，结果就是你要重新选择一个组织或者退出。

有一次，一家大型油气公司的一位35岁的工程师告诉我，公司有很多人才，但所有高级经理都无视（实际上是嘲笑）公司创新赛道出现的、由才华横溢的技术人才提出的想法。这形成了一个恶性循环：员工觉得被剥夺了创新权力，于是不再投入精力，有才华的员工不断离开，组织因此失去了蓬勃发展所需的创新能力。我在哈佛商学院的同事艾米·埃德蒙森（Amy Edmondson）教授就组织中的心理安全问题写了大量文章。艾米强调，心理安全并不在于员工是否友善，它关乎坦率的反馈、公开承认错误以及让员工相互学习。

这就是为什么明确的企业目标比以往任何时候都重要，尽管它的重要性是很久以前——大约一个世纪以前，由切斯特·巴纳德（Chester Barnard）和菲利普·塞尔兹尼克（Philip Selznick）等思想领袖首次认识到的，他们主要研究组织及其在社会中的作用。在他们看来，目标对于组织的重要性与价格对于市场的重要性一样。

正如巴纳德所写的："组织的持久度……与它的道德广度成正比……高瞻远瞩、长远目标、远大理想是合作的基础。"[4]塞尔兹尼克提出了一个类似的概念："目标使公司从'消耗型组织'演变为'持久型组织'，并为公司注入了价值和身份。"[5]

个人能做什么以及需要了解什么

作为一名员工或公司领导者，我们能做的就是确保我们所在组织的一致性，积极主动地发现问题，尽最大努力让我们的职业生涯越来越完美。

当然，我们的职业生涯不会是完美的。我们可能无法找到或创造出与我们的目标完全一致的工作，没有哪家公司的实际行动是完美的。正如我在这本书中一直说的，做到这一点很难。平衡利润和目标、做出正确的选择并执行，以及积极沟通、发现价值，这些都是很难做好的事情。我希望我讲明白了这一点：这条路已经没有之前那么难了，公司也逐渐在市场上得到了越来越多的回报。

在结语部分，我谈到了我们如何在未来保持这一切，以及我们如何确保公司可以得到适当的激励，从而使公司积极追求社会影响力、对自身行为负责，并推动我们走向更美好的生活。

结 语

几年前，我在一个首席执行官级别的活动上发表了关于公司如何改变世界的演讲。听众中有几十位《财富》500强公司的首席执行官，他们几乎都知道我所说的事情。他们知道，有越来越多的证据表明，公司积极做出改变可能会在金融市场获得回报。他们知道市场上有了越来越多的指标，也知道员工、消费者和投资者的需求不断增长。他们知道世界已经变了，只是不知道该怎么应对。

在活动的前一天晚上，我受邀参加了一个私人晚宴，我和二十多位首席执行官一起讨论了这些问题，包括公司如何改变自己的行为以真正产生影响。我记得刚开始，每个人都在抱怨这有多难："我们没有足够的数据""我想投资，但我负担不起""我想雇用各种各样的人，但找不到他们""我想保护环境，但如果这意味着破产，那我做不到""我想改变，但这太难了"。

最后，一家知名的面向消费者的大型公司的首席执行官站了出来。他举起手，周围的抱怨声消失了，他很简洁地说："问题不在于我们有没有工具或资源，也不在于我们有没有数据。这很简单，那就是你们这些抱怨的人根本就不关心这些问题。"

大家都沉默了，他的公司比许多公司都要艰难。他接着解释说："我们公司有5万家供应商，要想弄清楚它们在雇用员工和人权方面发生了什么几乎是不可能的，但我们并没有举手投降，也没有说我们无法控制这一点。最终我们得到了数据，这自然花费了几年时间，但我们改变了5万家供应商的供应链流程。"

"这是因为我们真的关心这些问题。"他接着说，"之所以会有这样的结果，是因为公司认为，供应链中存在侵犯人权的行为是不可接受的，人们每天在上班时受到虐待是不可接受的，人们知道别人受到了虐待而不制止是不可接受的。我们也可以很容易地找些借口来说明这有多么困难，但我们没有，因为我们在乎这些事。"

结果：在价值观和相互冲突的动机之间徘徊

无论如何，公司必须关心这些问题。我可以提供世界上存在的所有工具，但如果你不在乎如何让公司、行业和世界变得更美好，我就帮不了你。我可以提供所有的数据，并告诉你如何改变经营方式以产生积极的影响，以及如何激发投资者、消费者和员工的兴趣，从而切实改善公司的财务业绩。但要想做到这一点，你必须真的关心这些问题。

然而，只有关心是远远不够的。当面对一系列驱使你走向根本不同的道路的诱惑时，你该怎么办？如果这些诱惑迫使你在价值观和企业生存或你的工作之间做出选择呢？根据我的经验，在绝大多数情况下，诱惑会胜出。

在走向未来的过程中，你如何保持强大的一致性呢？你必须改变激励机制。我在第三章谈到了影响力加权会计，解释了用数字来衡量公司行为的重要性，以及客观地理解和评估一家公司的实际行动的方法。许多人错误地认为这就是全部答案。我们如果只是衡量一下这些行为，就会神奇地解决世界上的问题吗？不，衡量不是目的，这只是一个开始。我们需要进行衡量，然后才能制定正确的激励机制，从而为环境和社会挑战提供解决方案。

组织只要开始进行衡量，就会实施激励措施。但我们必须记住，这个过程并不是理所当然的，而是脆弱的，需要培育和加强。这个社会很容易转向另一个方向：远离透明度，远离选择，远离对这些问题的关心。因此我们要制定正确的改革措施，以改变这个社会。正如我们不能认为民主、健康、清洁空气和饮用水是理所当然的，我们也不能假设世界将继续朝着我们所希望的方向前进。我们必须付出努力，必须真正关心这些问题。

可持续行为的四大支柱

在展望未来并思考如何推动公司采取可持续行为时,我们需要注意可持续行为的四大支柱:

- 保持透明度。
- 建立成果导向型激励机制。
- 教育。
- 政府的角色。

保持透明度:达能的故事

我之前写过关于达能的文章,这家法国食品集团在美国以达能酸奶而闻名。达能一直走在影响力加权会计运动的前沿,它对成为一家目标驱动型公司的承诺,为在2050年实现碳中和所付出的努力,以及其作为世界上第一家采用碳调整每股收益指标的公司,使它成为值得钦佩的领导者。

我很高兴能把达能的故事写下来,然而当我在2021年春天撰写本书时,这家公司似乎突然陷入了危机。其首席执行官伊曼纽尔·费伯(Emmanuel Faber)不到一年前还在祝贺达能股东

"推倒了米尔顿·弗里德曼的雕像",当时却被迫离职。[1]该公司做了许多正确的事情,但它在资本市场上表现不佳。尽管该公司在环境和社会问题上取得了一些成果,但它在利润方面却落后于竞争对手。

对此,最简单的反应就是像米尔顿·弗里德曼那样看待这个问题:"我告诉过你,这行不通,目标和利润是对立的,达能显然过于关注其中一个,而牺牲了另一个。"而其他人可能会有相反的反应:"达能为什么要把一位如此出色的首席执行官赶走?股东对达能正在做的事情视而不见。"

上述双方是基于同样的假设做出反应的,即想当然地认为达能是一家具有巨大影响力的公司。但有一件事我们必须记住:意图并不等同于结果。达能的事情对于可持续资本主义来说是一次真正的挫折,可能该公司已经取得了令人难以置信的业绩,只是没有在市场上得到适当的估值。这家公司是共益企业,有很好的信息披露,有很棒的相关农业举措,在各个领域都有很好的策略,但影响力加权会计(丰富、准确、客观的指标)让我们通过数据看到了达能在花言巧语之外的实际成就。

根据这些数据,我们发现达能在同行中处于中间位置(就实际成就而言,而不是领导力,虽然它有透明度,也有良好的意图)。你如果看看该公司在碳排放、水消耗、污染物方面的数据,以及我们希望公司在各种环境问题上应取得的成果,就会发现达能的表现不如通用磨坊等同行。你如果看看达能的产品本身,比如营养价值,就会发现达能的表现还是不如通用磨坊。我们很少听说通用磨坊及其对可持续发展的承诺,尽管它的表现超过了达能。因此,我们需要衡量结果,而不是仅仅依赖于意图和愿望。你可以进行分析性对话,但不是演变成关于米尔顿·弗里德曼的意识形态争论。或许达能的利润表现不佳并不是因为它注重社会影响力,而是因为它未能产生足够的社会影响力。也许达能应该给予首席执行官更多的时间,或者其管理团队需要改变实现目标的方式。也许达能的目标是正确的,但其执行力欠佳,因此让费伯下台是正确的——不是因为他的目标,而是因为他没有正确的策略来实现这些目标。

正确的分析可以让你超越情绪,到达一个与之前不同的、更好的起点。这就是为什么影响力加权会计和其他类似指标如此重要。为了进行合理的讨论,你需要有正确的数据,因此我们来到了下一个支柱。

建立成果导向型激励机制:高管薪酬

在第五章,我谈到了微软、必和必拓和荷兰皇家壳牌集团等公司将高管薪酬与公司的多元化目标或碳排放挂钩的事情。在第七章,我谈到了诺华、Enel等公司的可持续发展债券,它们将债券利率与公司的某些目标挂钩。这些措施是美妙的,而且随着时间的推移变得越来越普遍了。就在我写这本书的时候,墨西哥快餐公司Chipotle宣布把10%的高管薪酬与公司的可持续农业和员工包容度目标挂钩，加拿大的六家大型银行也将一部分高管薪酬与ESG因素挂钩。[2]

当我们更广泛地看待激励机制以及它如何驱动公司的行为时，这才开始触及事情的表面。伊桑·鲁恩（Ethan Rouen）和我是哈佛大学影响力加权会计运动的联合主席。我们写了一篇关于影响力加权会计所代表的范式转变的论文。大众理所当然地认为，今天的财务会计系统是评估企业的唯一方法，但这种财务会计系统只是在过去的一百年里才得到了广泛应用。公司的选择包括资产和负债，但不包括对环境或员工的影响。因此，我们可以做一个不同的评估系统。

我们想改变现有的会计准则，以反映企业对世界的影响，有人说这不可能实现，也有人说不应该这样做。要知道，当年也有人对现在公认的会计准则持反对意见，他们认为每个企业都是独一无二的，会计是一门艺术而不是科学。他们说，财务报告给企业带来了太多的成本。

这些反对意见都被克服了。现在，人们说社会影响力不同于财务上的实质性影响，但是正如本书中的那些研究结果表明的那样，它们确实是实质性影响。现在，人们说社会影响力不可能真正被衡量，但我们正在这样做，而且每天都会做得更好。完美不能成为美好的敌人，我们将继续让衡量标准变得越来越好。有人说，并不是所有的事情都可以或应该用货币来表达，这样做实际上会影响我们解决这些重要社会问题的进展。然而，不给森林、海洋和人民"定价",迄今为止并没有使我们成功解决这些问题。气候正面临灾难,哺乳动物、鸟类、鱼类和爬行动物的数量自1970年以来下降了60%。我们已经很失败了,为什么不尝试一下不同的方法呢?

那些坚持认为不应该衡量企业的社会影响力,并且认为这超出了会计系统应该反映的范围的人,没有理解衡量与不衡量都是一种价值判断。正如伊桑和我所写的:"我们选择衡量的东西反映了我们认为什么是重要的,以及哪些东西需要优先考虑。让这些影响保持不可见,会让人觉得它们不重要。"

随着我们能更好地衡量环境和社会影响,我们必须激励企业重视这方面的措施。我们需要采取一种能够反映这些措施的重要性的会计处理方式,并推动建立正确的问责制结构,无论是通过高管薪酬、借款利率、具体合同条款、法律规范还是通过其他指标。随着时间的推移,这将是一个进化过程,但重要的是继续前进,而不是停滞或后退。

教育:培养下一代领导者

在一群非常关心这些问题的学生面前,我经常感到自己被"宠坏了",部分原因来自选择我的课程的学生的自我选择。在过去的八年里,我和同事丽贝卡·亨德森教授一起讲授关于重构资本主义的课程，这门课非常受欢迎，我认为哈佛大学及其他地方的学生都很关心这些问题。丽贝卡和我已经教授了近2 000名MBA（工商管理硕士）毕业生，他们上过我们的课，还有数万名甚至数十万名学生在其他大学使用过我们编写的教材。最新的报告显示，全世界有超过2 000门课程建立在我们在哈佛大学开设的那门课程的基础上。

我和同事正在教育未来的首席执行官，他们最终会管理公司，并对公司的所作所为负责。我们必须教育未来的商业领袖，让他们了解自己的管理能力和改变现状的能力，以及他们可以使用的工具，同时让他们了解自己的选择会产生什么影响。如果我的学生不理解这些问题，那么我相信他们将处于竞争劣势。如果你是21世纪的商业领袖，并且不知道如何思考这些问题，那么你获得成功的可能性会小很多。

在未来40年的职业生涯中，领导者必须在2050年或2060年左右保持竞争力，因为到那时，企业将不得不大规模脱碳。有时我会给学生们看脸书的首席执行官马克·扎克伯格（Mark Zuckerberg）在国会面前就公司的失误进行解释的视频，我告诉他们："你们是不会想坐在那个位子上的。"公司领导者需要管好自己的生意，以避免被叫到国会为自己辩护。教育工作者可以发挥巨大的作用，以确保学生有能力经营一家有道德、可持续、负责任的公司，并让所有利益相关者都能成功。

政府的角色：信息保护者

人们对政府的作用有不同的看法。在经历了希腊在20世纪80年代的挣扎后，我对严格的监管和政府管控政策持怀疑态度。我知道，关于政府应该在多大程度上参与管控企业的问题，大家有着巨大的分歧。我预计，一百年后我们还会就许多与现在相同的问题展开辩论。然而，我确实认为有些问题是不能忽视的。丽贝卡·亨德森有力地论述了征收碳税的必要性，我完全同意她的看法，但我想在这里集中讨论整本书都涉及的另一个问题。

政府必须保护好我们的信息环境，这一点至关重要。我们之所以能看到为世界做好事和取得经济成功之间的一致性，是因为存在信息。信息使人们能够按照自己真正的喜好行事，并做出推动经济发展的选择。我们现在面临着错误信息、虚假信息横行，以及信息过载的挑战，这让我们越来越无法就最基本的事实达成共识。

这不利于读者理解我在本书中讨论的所有内容。我认为政府需要提高投资者、消费者、员工和公民所收到的信息的可信度。推动公司做出改变的策略、工具，只有在其可获得、准确且被理解的情况下才会起作用，就是这么简单。

未来的ESG领导者：充满希望

就在不久前，我和学生站在同一个位置，思考着如何对待人生和事业，以及自己能否对世界产生积极影响。我最初的工作是分析和评估保险公司，这与我今天思考的主题没有真正的联系。我当时只是想谋生，想让我的职业生涯有一个好的开始。

当我开始把工作重心转移到这本书里提到的研究时，我意识到我有了更多的思考。我想了解人们如何建立有影响力的公司，并积极地影响他人的生活。我想自己做选择，行使我的发言权，决定自己的大部分时间要花在哪里，以及我要向世界传达什么。我们都想要这种权力，我们都想用自己的声音来捍卫信仰，我们都希望自己正在以有益的方式做出贡献。这就是本书的真正意义。我已经提供了一些工具，你可以借此理解自己的影响力，以及我们每天的选择和行动对这个世界的影响。

在我写这本书的时候，从某些方面看，我的职业生涯回到了原点。最近，我加入了一家公司的董事会，这家公司正是我最初开始工作的地方，它是全球保险业的领导者之一。该公司让数百万人拥有了创新和冒险的能力，让他们知道自己的事业和家庭是受到保护的。这家公司找到我，是因为它致力于在ESG方面取得进展，希望设定更高的目标，同时在影响力方面做得更好。它很关心ESG问题，正如我所说的，关心是至关重要的第一步。

我希望你看到了环境和社会问题在商业中的重要性，看到了我们每个人都拥有的足以改变世界的力量，以及我们必须采取的措施，以确保世界继续在正确的道路上前进。我们拥有比以往更多的信息、更多的机会，现在是时候把这些知识转化为行动了，我们要把对目标和利润的分析转化为对自己和地球来说都有好处的东西。50年后，我希望大家不再怀疑公司对人类和地球有一定的义务这件事。这一义务对未来的领导者来说是很正常的，就像今天的领导者习惯于关注利润和亏损。我希望我们已经有效地解决了周围最紧迫的问题，并朝着更大、更好的目标发展，同时拥有新的衡量指标、新的标准和新的期望。我希望所有人都可以成为这一进程中的关键力量。

注 释

前 言

1. Mozaffar Khan, George Serafeim, and Aaron Yoon, "Corporate Sustainability: First Evidence on Materiality," *Accounting Review* 91, no. 6 (November 2016), pp. 1697–1724, https://papers.ssrn.com/sol3/papers.cfm?abstract_id=2575912.
2. Alex Cheema-Fox, Bridget LaPerla, George Serafeim, and Hui (Stacie) Wang, "Corporate Resilience and Response During COVID-19," Harvard Business School Accounting & Management Unit Working Paper No. 20-108 (September 23, 2020), https://

papers.ssrn.com/sol3/papers.cfm?abstract_id=3578167.

第一章 关于营商：发生了哪些变化

1. Erik Kirschbaum, "German Automakers Who Once Laughed on Elon Musk Are Now Starting to Worry," *Los Angeles Times*, April 19, 2016, https://www.latimes.com/business/autos/la-fi-hy-0419-tesla-germany-20160419-story.html.
2. "Tesla Market Cap Surpasses Next Five Largest Automotive Companies Combined," Reuters Events, January 7, 2021, https://www.reutersevents.com/supplychain/technology/tesla-market-cap-surpasses-next-five-largest-automotive-companies-combined.
3. Amanda Keating, "Microsoft CEO Satya Nadella Shares What He's Learned About Stakeholder Capitalism as the Head of America's Most JUST Company," JUST Capital, November 5, 2020, https://justcapital.com/news/microsoft-ceo-satya-nadella-shares-leadership-lessons-on-stakeholder-capitalism/.
4. Amanda Keating, "Microsoft CEO Satya Nadella Shares What He's Learned."
5. Connie Guglielmo, "Microsoft's CEO on Helping a Faded Legend Find a 'Sense of Purpose,'" CNET, August 20, 2018, https://

www.cnet.com/news/microsofts-ceo-on-helping-a-faded-legend-find-a-sense-of-purpose/.

6. Milton Friedman, "A Friedman Doctrine—The Social Responsibility of Business Is to Increase Its Profits," *New York Times*, September 13, 1970, https://www.nytimes.com/1970/09/13/archives/a-friedman-doctrine-the-social-responsibility-of-business-is-to.html.

7. George Serafeim and David Freiberg, "Harlem Capital: Changing the Face of Entrepreneurship (A)," Harvard Business School Case 120-040, October 2019, https://store.hbr.org/product/harlem-capital-changing-the-face-of-entrepreneurship-a/120040?sku=120040-PDF-ENG.

8. Paul Polman, "Full Speech: Paul Polman at the SDG Business Forum 2019," October 7, 2019, https://www.youtube.com/watch?v=JJEmG5q3m4A(video).

9. 同上。

10. Unilever Annual Report, https://www.unilever.com/planet-and-society/sustainability-reporting-centre/.

11. Unilever website, "About Our Strategy," https://www.unilever.co.uk/planet-and-society/our-strategy/about-our-strategy/#:~:text=Goal%3A%20By%202020%20we%20will%20enhance%20the%20livelihoods%20of%20millions, as%20we%20grow%20our%20business.&text=We%20have%20long%20known%20that,

have%20evidence%20to%20prove%20this.

12. "Unilever's Purpose-Led Brands Outperform," Unilever, November 6, 2019, https://www.unilever.com/news/press-releases/2019/unilevers-purpose-led-brands-outperform.html.

13. 同上。

14. "Business Roundtable Redefines the Purpose of a Corporation to Promote 'An Economy That Serves All Americans,'" Business Roundtable, August 19, 2019, https://www.businessroundtable.org/business-roundtable-redefines-the-purpose-of-a-corporation-to-promote-an-economy-that-serves-all-americans.

15. David Savenije, "NRG CEO; Who's Going to Empower the American Energy Consumer?" March 27, 2014, Utility Dive, https://eastcountytoday.net/antioch-police-still-looking-for-missing-man/.

16. Julia Pyper, "A Conversation with David Crane on Getting Fired from NRG and What's Next for His Energy Plans," GTM, April 29, 2014, https://www.greentechmedia.com/articles/read/a-conversation-with-david-crane.

17. NRG Energy, Progress: 2020 Sustainability Report, NRG Energy website, https://www.nrg.com/sustainability/progress.html.

18. Steve Jobs, "'You've got to find what you love,' Jobs says," Stanford University Commencement Address, June 12, 2005,

https://news.stanford.edu/2005/06/14/jobs-061505/.

第二章 "影响一代"的影响力

1. "Trend in Product Varieties (Number of Models) for Some Products in the USA," 2021, Springer Link website, https://link.springer.com/article/10.1057/dddmp.2013.34/tables/1.
2. "Different by Design," Aspiration website, https://www.aspiration.com/who-we-are/.
3. "Impact Report," Seventh Generation website, https://www.seventhgeneration.com/values/impact-reports.
4. "Impact Report 2019," Tesla website, https://www.tesla.com/ns_videos/2019-tesla-impact-report.pdf.
5. "Sustainability Report 2018," Oatly website, https://www.oatly.com/uploads/attachments/cjzusfwz60efmatqr5w4b6lgd-oatly-sustainability-report-web-2018-eng.pdf.
6. Richard Feloni, "PepsiCo CEO Indra Nooyi's Long-Term Strategy Put Her Job in Jeopardy—But Now the Numbers Are in, and the Analysts Who Doubted Her Will Have to Eat Their Words," *Business Insider*, February 1, 2018, https://www.businessinsider.com/indra-nooyi-pepsico-push-for-long-term-value-2018-1.

7. Julie Creswell, "Indra Nooyi, PepsiCo C.E.O. Who Pushed for Healthier Products, to Step Down," *New York Times*, August 6, 2018, https://www.nytimes.com/2018/08/06/business/indra-nooyi-pepsi.html.

8. Jens Hainmueller and Michael J. Hiscox, "Buying Green? Field Experimental Test of Consumer Support for Environmentalism," Harvard University, December 2015, https://scholar.harvard.edu/files/hiscox/files/buying_green.pdf.

9. "Edelman Trust Barometer 2021," Edelman website, https://www.edelman.com/trust/2021-trust-barometer.

10. Virginia Commonwealth University, Department of Social Welfare, https://socialwelfare.library.vcu.edu/programs/housing/company-towns-1890s-to-1935/.

11. "Survey: More Workers Find Work-Life Balance by Embracing Work-Life 'Blending,'" Enterprise Holdings, February 6, 2020, https://www.enterpriseholdings.com/en/press-archive/2020/02/surveymore-workers-find-work-life-balance-by-embracing-work-life-blending.html.

12. Joe Marino, "Must-Know Job Website Statistics (And How to Leverage Them)," Hueman, https://www.huemanrpo.com/blog/must-know-job-website-statistics.

13. 同上。

14. Atanas Shorgov, "How LinkedIn Learning Reached 17 Million

Users in 4 Years," BetterMarketing, March 14, 2020, https://bettermarketing.pub/how-linkedin-learning-reached-17-million-users-in-4-years-59657ac55721.

15. Lauren Stewart, "How Coding Bootcamps Can Change the Face of Tech," Course Report, July 29, 2021, https://www.coursereport.com/blog/diversity-in-coding-bootcamps-report-2021.

16. "About B Corps," B Lab, https://bcorporation.net/about-b-corps#:~:text=Certified%20B%20Corporations%20are%20businesses,to%20balance%20profit%20and%20purpose.&text=B%20Corps%20form%20a%20community,as%20a%20force%20for%20good.

17. 同上。

18. Michael Thomas, "Why Kickstarter Decided to Radically Transform Its Business Model," *Fast Company*, April, 12, 2017, https://www.fastcompany.com/3068547/why-kickstarter-decided-to-radically-transform-its-business-model.

19. 同上。

20. "Citizen Verizon," Verizon, https://www.verizon.com/about/responsibility.

21. Justine Calma, "Amazon Employees Who Spoke Out About Climate Change Could Be Fired," The Verge, January 3, 2020, https://www.theverge.com/2020/1/3/21048047/amazon-employees-climate-change-communications-policy-job-risk.

22. Johana Bhuiyan, "How the Google Walkout Transformed Tech Workers into Activists," *Los Angeles Times*, November 6, 2019, https://www.latimes.com/business/technology/story/2019-11-06/google-employee-walkout-tech-industry-activism.

23. John Paul Rollert, "The Wayfair Walkout and the Rise of Activist Capitalism," *Fortune*, July 13, 2019, https://fortune.com/2019/07/13/wayfair-nike-employee-activism/.

24. Transcript, Merck & Co., Inc. at CECP CEO Investor Forum, February 26, 2020, Thomson Reuters Streetevents, https://s21.q4cdn.com/488056881/files/doc_downloads/transcripts/MRK-USQ_Transcript_2018-02-26.pdf.

25. 同上。

26. Leslie Gaines-Ross, "4 in 10 American Workers Consider Themselves Social Activists," Quartz, September 20, 2019, https://qz.com/work/1712492/how-employee-activists-are-changing-the-workplace/.

27. Johana Bhuiyan, "How the Google Walkout Transformed Tech Workers into Activists."

28. Paige Leskin, "Uber Says the #DeleteUber Movement Led to 'Hundreds of Thousands' of People Quitting the App," *Business Insider*, April 11, 2019, https://www.businessinsider.com/uber-deleteuber-protest-hundreds-of-thousands-quit-app-2019-4.

29. Stephie Grob Plante, "Shopping Has Become a Political Act.

Here's How It Happened," Vox, October 7, 2019, https://www.vox.com/the-goods/2019/10/7/20894134/consumer-activism-conscious-consumerism-explained.

30. Sarah Title, "What Ecommerce Brands Need to Know About Consumer Activism by Generation," Digital Commerce 360, July 27, 2020, https://www.digitalcommerce360.com/2020/07/27/what-ecommerce-brands-need-to-know-about-consumer-activism-by-generation/.

31. 同本章注释29。

32. Kathy Gurchiek, "Employee Activism Is on the Rise," SHRM (Society for Human Resource Management), September 12, 2019, https://www.shrm.org/hr-today/news/hr-news/pages/employee-activism-on-the-rise.aspx.

33. Carol Cone, "10 Ways Purposeful Business Will Evolve in 2020," *Fast Company*, January 13, 2020, https://www.fastcompany.com/90450734/10-ways-purposeful-business-will-evolve-in-2020.

34. Claudine Gartenberg, Andrea Prat, and George Serafeim, "Corporate Purpose and Financial Performance," *Organization Science* 30, no. 1 (January–February 2019), pp. 1–18.

35. 同上。

36. Claudine Gartenberg and George Serafeim, "Corporate Purpose in Public and Private Firms," Harvard Business School Working

Paper, No. 20-024, August 2019（Revised July 2020）, https://papers.ssrn.com/sol3/papers.cfm?abstract_id=3440281.

37. Tom Foster, "Do You Really Want Your Business to Go Public?" *Inc.*, October 2015, https://www.inc.com/thomson-reuters/workforce-management-in-the-covid-19-era.html.

38. 同本章注释36。

39. Vanessa C. Burbano, "Social Responsibility Messages and Worker Wage Requirements: Field Experimental Evidence from Online Labor Marketplaces," *Organization Science* 27, no. 4（June 30, 2016）, https://pubsonline.informs.org/doi/abs/10.1287/orsc.2016.1066; Vanessa C. Burbano, "Getting Gig Workers to Do More by Doing Good: Field Experimental Evidence from Online Platform Labor Marketplaces," *Organization & Environment*（June 24, 2019）, https://papers.ssrn.com/sol3/papers.cfm?abstract_id=3405689.

第三章　透明度与问责制：公司毫无秘密

1. M. R. Wong, W. McKelvey, K. Ito, C. Schiff, J. B. Jacobson, and D. Kass, "Impact of a Letter-Grade Program on Restaurant Sanitary Conditions and Diner Behavior in New York City,"

American Journal of Public Health 105, no. 3（2015）, e81–e87. doi: 10.2105/AJPH.2014.302404.

2. Melanie J. Firestone and Craig W. Hedberg, "Restaurant Inspection Letter Grades and Salmonella Infections, New York, New York, USA," *Emerging Infectious Diseases Journal* 24, no. 12（December 2018）, https://wwwnc.cdc.gov/eid/article/24/12/18-0544_article.

3. *TSC Indus. v. Northway, Inc.*, 426 U.S. 438, 449（1976）.

4. Robert G. Eccles and George Serafeim, "Sustainability in Financial Services Is Not About Being Green," *Harvard Business Review*, May 15, 2013, https://hbr.org/2013/05/sustainability-in-financial-services-is-not-about-being-green.

5. Jody Grewal, Clarissa Hauptmann, and George Serafeim, "Material Sustainability Information and Stock Price Informativeness," *Journal of Business Ethics* 171, no. 3（July 2021）, pp. 513–544, https://papers.ssrn.com/sol3/papers.cfm?abstract_id=2966144.

6. Lucy Handley and Sam Meredith, "Danone Hopes It's Blazing a Trail by Adopting a New Earnings Metric to Expose the Cost of Carbon Emission," CNBC, October 21, 2020, https://www.cnbc.com/2020/10/21/danone-adopts-earnings-metric-to-expose-the-cost-of-carbon-emissions.html.

7. 同上。

第四章 不同公司行为的后果

1. Drew Desilver, "As Coronavirus Spreads, Which U.S. Workers Have Paid Sick Leave—And Which Don't?" Pew Research Center, March 12, 2020, https://www.pewresearch.org/fact-tank/2020/03/12/as-coronavirus-spreads-which-u-s-workers-have-paid-sick-leave-and-which-dont/.

2. Richard Carufel, "Edelman's New Trust Barometer Finds CEOs Failing to Meet Today's Leadership Expectations," Agility PR Solutions, May 2, 2019, https://www.agilitypr.com/pr-news/public-relations/edelmans-new-trust-barometer-finds-ceos-failing-to-meet-todays-leadership-expectations/.

3. "Trust in Government: 1958–2015," Pew Research Center, November 23, 2015, https://www.pewresearch.org/politics/2015/11/23/1-trust-in-government-1958-2015; "Americans' Views of Government: Low Trust, but Some Positive Performance Ratings," Pew Research Center, September 14, 2020, https://www.pewresearch.org/politics/2020/09/14/americans-views-of-government-low-trust-but-some-positive-performance-ratings/.

4. "With No Time to Lose, Grupo Bimbo Takes the Lead on Sustainability," Baking Business, October, 14, 2019, https://www.bakingbusiness.com/articles/49587-with-no-time-to-lose-

grupo-bimbo-takes-the-lead-on-sustainability.

5. Adrian Gore, "How Discovery Keeps Innovating," McKinsey & Company, June 2015, https://healthcare.mckinsey.com/how-discovery-keeps-innovating/.

6. Simon Mainwaring, "Why Purpose Is Paramount to Business and Branding Success: A Walmart Case Study," *Forbes*, August 18, 2017, https://www.forbes.com/sites/simonmainwaring/2017/08/18/why-purpose-is-paramount-to-business-and-branding-success-a-walmart-case-study/?sh=2cc3b73f69bb.

7. "Our Commitments," Natura website, https://www.naturabrasil.com/pages/our-commitments.

8. Anita M. McGahan and Leandro S. Pongeluppe, "There Is No Planet B: Stakeholder Governance That Aligns Incentives to Preserve the Amazon Rainforest," January 21, 2020, https://www.hbs.edu/faculty/Shared%20Documents/conferences/strategy-science-2021/30_Leandro%20Pongeluppe_There%20Is%20No%20Planet%20B%20Stakeholder%20Governance%20That%20Aligns%20Incentives%20To%20Preserve%20The%20Amazon%20Rainforest.pdf.

9. JUST Report, "The COVID-19 Corporate Response Tracker: How America's Largest Employers Are Treating Stakeholders Amid the Coronavirus Crisis," JUST Capital, https://justcapital.com/reports/the-covid-19-corporate-response-tracker-how-americas-largest-

employers-are-treating-stakeholders-amid-the-coronavirus-crisis/.

10. 同上。

11. Richard Kestenbaum, "LVMH Converting Its Perfume Factories to Make Hand Sanitizer," *Forbes*, March 15, 2020, https://www.forbes.com/sites/richardkestenbaum/2020/03/15/lvmh-converting-its-perfume-factories-to-make-hand-sanitizer/?sh=fe2fc704a9a0#:~:text=LVMH%20announced%20today%20that%20it,to%20make%20hand%20sanitizer%20instead.&text=It%20is%20also%20justifying%20having,its%20employees%20coming%20to%20work.

12. "Zoom for Education," Zoom, https://zoom.us/education.

13. Alex Cheema-Fox, Bridget LaPerla, George Serafeim, and Hui (Stacie) Wang, "Corporate Resilience and Response During COVID-19," Harvard Business School Accounting & Management Unit Working Paper No. 20-108 (September 23, 2020), http://dx.doi.org/10.2139/ssrn.3578167.

14. Letitia James, "Attorney General James Sues New York Sports Club and Lucille Roberts for Charging Illegal Dues and Prohibiting Consumers from Canceling Memberships," press release, September 30, 2020, https://ag.ny.gov/press-release/2020/attorney-general-james-sues-new-york-sports-club-and-lucille-roberts-charging.

15. Tonya Riley, "WeWork Under Pressure as More Members

Contract Coronavirus in Co-working Spaces," *Washington Post*, March 20, 2020, https://www.washingtonpost.com/technology/2020/03/20/wework-under-pressure-more-members-contract-coronavirus-co-working-spaces/.

16. Zack Beauchamp, "Brazil's Petrobras Scandal, Explained," Vox, March 18, 2016, https://www.vox.com/2016/3/18/11260924/petrobras-brazil.

17. David Segal, "Petrobras Oil Scandal Leaves Brazilians Lamenting a Lost Dream," *New York Times*, August 7, 2015, https://www.nytimes.com/2015/08/09/business/international/effects-of-petrobras-scandal-leave-brazilians-lamenting-a-lost-dream.html.

18. "Former Petrobras CEO Sentenced to 11 Years in Jail," AP, March 7, 2018, https://www.nytimes.com/2015/08/09/business/international/effects-of-petrobras-scandal-leave-brazilians-lamenting-a-lost-dream.html.

19. Siri Schubert and T. Christian Miller, "At Siemens, Bribery Was Just a Line Item," *New York Times*, December 20, 2008, https://www.nytimes.com/2008/12/21/business/worldbusiness/21siemens.html.

20. Sudip Kar-Gupta and Tim Hepher, "Airbus Faces Record $4 Billion Fine After Bribery Probe," January 27, 2020, Reuters, https://www.reuters.com/article/us-airbus-probe/airbus-faces-record-4-billion-fine-after-bribery-probe-idUSKBN1ZR0HQ.

21. Boris Groysberg, Eric Lin, and George Serafeim, "Does

Corporate Misconduct Affect the Future Compensation of Alumni Managers?" Special Issue on Employee Inter- and Intra-Firm Mobility, *Advances in Strategic Management* 41（July 2020）, https://www.emerald.com/insight/content/doi/10.1108/S0742-332220200000041020/full/html.

第五章 公司持续盈利的策略

1. David Freiberg, Jody Grewal, and George Serafeim, "Science-Based Carbon Emissions Targets," Harvard Business School Working Paper, No. 21-108, March 2021, https://papers.ssrn.com/sol3/papers.cfm?abstract_id=3804530.
2. "About Us," Vital Farms website, https://vitalfarms.com/about-us/.
3. 引自奥利·佐哈尔的采访。
4. 同上。

第六章 机会原型：公司如何获取价值

1. Simon Mainwaring, "Purpose at Work: Warby Parker's Keys

to Success," *Forbes*, December 1, 2020, https://www.forbes.com/sites/simonmainwaring/2020/12/01/purpose-at-work-warby-parkers-keys-to-success/?sh=3a6fc675dba7.

2. "2021 Global 100 Ranking," Corporate Knights, January 25, 2021, https://www.corporateknights.com/reports/2021-global-100/2021-global-100-ranking-16115328/.

3. "Ørsted's Renewable-Energy Transformation," Interview, McKinsey & Company, July 10, 2020.

4. 同上。

5. 同上。

6. "Aluminum Cans—History, Development, and Market," AZO Materials, June 24, 2002, https://www.azom.com/article.aspx?ArticleID=1483.

7. Laura Parker, "The World's Plastic Pollution Crisis Explained," *National Geographic*, June 7, 2019, https://www.nationalgeographic.com/environment/article/plastic-pollution.

8. "The Toxic 100: Top Corporate Air Polluters in the United States, 2010," Infoplease, https://www.infoplease.com/math-science/earth-environment/the-toxic-100-top-corporate-air-polluters-in-the-united-states-2010.

9. "2020 Sustainability Report," Ball Corporation, https://www.ball.com/getmedia/b25d3346-b8ca-4e3f-9cce-562101dd8cd7/Ball-SR20-Web_FINAL.pdf.aspx.

10. Angelo Young, "Coca-Cola, Pepsi Highlight the 20 Corporations Producing the Most Ocean Pollution," *USA Today*, June 17, 2019, https://www.usatoday.com/story/money/2019/06/17/20-corporations-behind-the-most-ocean-pollution/39552009/.

11. "Clean Energy Group NextEra Surpasses ExxonMobil in Market Cap," *Financial Times*, October 2, 2020, https://www.ft.com/content/39a70458-d4d1-4a6e-aca6-1d5670bade11.

12. "Clean Growth," AES website, https://www.aes.com/sustainability/clean-growth-and-innovation.

第七章　投资者推动变革：不仅仅是负面筛选

1. "Frequently Asked Questions," Reenergize Exxon, https://reenergizexom.com/faqs/.

2. Shelley Vinyard, "Investors' Directive to P&G: Stop Driving Deforestation," NRDC, October 14, 2020, https://www.nrdc.org/experts/shelley-vinyard/investors-directive-pg-stop-driving-deforestation.

3. Climate Action 100+ website, https://www.climateaction100.org.

4. Rebecca Chapman and Gerald Nabor, "How Investors Can Support Circular Economy for Plastics: New Engagement Guidance,"

Principles for Responsible Investment, https://www.unpri.org.

5. Ioannis Ioannou and George Serafeim, "The Impact of Corporate Social Responsibility on Investment Recommendations: Analysts' Perceptions and Shifting Institutional Logics," *Strategic Management Journal* 36, no. 7 (July 2015), pp. 1053–1081, https://papers.ssrn.com/sol3/papers.cfm?abstract_id=1507874.

6. George Serafeim, "Public Sentiment and the Price of Corporate Sustainability," *Financial Analysts Journal* 76, no. 2 (2020), pp. 26–46, https://papers.ssrn.com/sol3/papers.cfm?abstract_id=3265502.

7. "Tailored Strategies," The Carlyle Group, 2018, https://www.carlyle.com/sites/default/files/reports/carlyleccr2018_0.pdf.

8. "Risks, Opportunities, and Investment in the Era of Climate Change," Harvard Business School, March 4, 2020, https://www.alumni.hbs.edu/events/invest20/Pages/default.aspx.

9. "Novartis Reinforces Commitment to Patient Access, Pricing a EUR 1.85 Billion Sustainability-Linked Bond," Novartis, September 16, 2020, https://www.novartis.com/news/media-releases/novartis-reinforces-commitment-patient-access-pricing-eur-185-billion-sustainability-linked-bond.

10. Mike Turner, "SLB Champion Enel Plans First Sterling Trade Using Structure," Global Capital, October 12, 2020, https://www.globalcapital.com/article/b1ns66gtysc8d4/slb-champion-

enel-plans-first-sterling-trade-using-structure.

11. Decarbonization Advisory Panel, "Beliefs and Recommendations," April 2019, https://www.osc.state.ny.us/files/reports/special-topics/pdf/decarbonization-advisory-panel-2019.pdf.

12. Make My Money Matter website, https://makemymoneymatter.co.uk.

13. George Serafeim, "Investors as Stewards of the Commons?" *Journal of Applied Corporate Finance* 30, no. 2 (Spring 2018): 8–17, https://papers.ssrn.com/sol3/papers.cfm?abstract_id=3014952.

14. Cyrus Taraporevala, "Fearless Girl's Shattered Ceilings: Why Diversity in Leadership Matters," State Street Global Advisors, March 8, 2021, https://www.ssga.com/us/en/institutional/ic/insights/fearless-girls-shattered-ceilings-why-diversity-in-leadership.

第八章 一致性：现在还是以后

1. Robert G. Eccles, Kathleen Miller Perkins, and George Serafeim, "How to Become a Sustainable Company," *MIT Sloan Management Review* 53, no. 4 (Summer 2012): 43–50, https://www.hbs.edu/

ris/Publication%20Files/SMR_Article_EcclesMillerSerafeim_77d4247b-d715-447d-8e79-74a6ec893f40.pdf.

2. "We Were Coming Up Against Everything from Organized Crime to Angry Employees," Interview with Erik Osmundsen, *Harvard Business Review*, July-August 2019, https://hbr.org/2019/07/we-were-coming-up-against-everything-from-organized-crime-to-angry-employees.

3. "We Were Coming Up Against Everything from Organized Crime to Angry Employees," Interview with Erik Osmundsen.

4. C. I. Barnard, *The Functions of the Executive* (Cambridge, MA: Harvard University Press, 1938).

5. P. Selznick, *Leadership in Administration: A Sociological Interpretation* (Evanston, IL: Row Peterson, 1957).

结　语

1. "Danone: A Case Study in the Pitfalls of Purpose," *Financial Times*, https://www.ft.com/content/668d9544-28db-4ad7-9870-1f6671623ac5.

2. Amelia Lucas, "Chipotle Will Link Executive Compensation to Environment Diversity Goals," March 4, 2021, CNBC, https://

www.ft.com/content/668d9544-28db-4ad7-9870-1f6671623ac5; Kevin Orland,"CEO Pay Tied to ESG Sets Canadian Banks Apart from the Crowd,"Bloomberg,March 18, 2021, https://www.bloomberg.com/news/articles/2021-03-18/ceo-pay-tied-to-esg-sets-canadian-banks-apart-from-the-crowd.

参考文献

这本书中涉及的讨论来自我和许多同事在过去十多年所做的研究。关于书中主要讨论的更多细节，我在下面列明了引文，你可以在那里找到原始论文。正文中某些提到这些论文的地方，我没有给出具体的尾注，但其他引用了他人的成果的地方，文中都有所标记。

前　言

1. Alex Cheema-Fox, Bridget LaPerla, George Serafeim, and Hui（Stacie）Wang. "Corporate Resilience and Response During

COVID-19." *Journal of Applied Corporate Finance*. 2021.

2. Ioannis Ioannou and George Serafeim. "The Impact of Corporate Social Responsibility on Investment Recommendations: Analysts' Perceptions and Shifting Institutional Logics." *Strategic Management Journal* 36, no. 7 (July 2015): 1053–1081.

3. Mozaffar Khan, George Serafeim, and Aaron Yoon. "Corporate Sustainability: First Evidence on Materiality." *Accounting Review* 91, no. 6 (November 2016).

第一章 关于营商：发生了哪些变化

1. George Serafeim and David Freiberg. "Harlem Capital: Changing the Face of Entrepreneurship (A)." Harvard Business School Case 120–040, October 2019.

2. George Serafeim and David Freiberg. "Harlem Capital: Changing the Face of Entrepreneurship (B)." Harvard Business School Supplement 120–041, October 2019.

3. George Serafeim and David Freiberg. "Summa Equity: Building Purpose-Driven Organizations." Harvard Business School Case 118–028, November 2017. (Revised April 2019.)

4. George Serafeim, Ethan Rouen, and Sarah Gazzaniga. "Redefining

Mogul." Harvard Business School Case 120-043, March 2020. (Revised May 2020.)

第二章 "影响一代"的影响力

1. Claudine Gartenberg, Andrea Prat, and George Serafeim. "Corporate Purpose and Financial Performance." *Organization Science* 30, no. 1 (January–February 2019): 1–18.
2. Claudine Gartenberg and George Serafeim. "Corporate Purpose in Public and Private Firms." Harvard Business School Working Paper, No. 20-024, August 2019. (Revised July 2020.)
3. George Serafeim and Claudine Gartenberg. "The Type of Purpose That Makes Companies More Profitable." *Harvard Business Review* (website)(October 21, 2016).

第三章 透明度与问责制：公司毫无秘密

1. Dane Christensen, George Serafeim, and Anywhere Sikochi. "Why Is Corporate Virtue in the Eye of the Beholder? The Case of ESG

Ratings." *Accounting Review* 97, no. 1 (January 2022): 147–175.

2. Ronald Cohen and George Serafeim. "How to Measure a Company's Real Impact." *Harvard Business Review* (website) (September 3, 2020).

3. Robert G. Eccles and George Serafeim. "Sustainability in Financial Services Is Not About Being Green." *Harvard Business Review Blogs* (May 15, 2013).

4. Robert G. Eccles, George Serafeim, and Beiting Cheng. "Foxconn Technology Group (A)." Harvard Business School Case 112-002, July 2011. (Revised June 2013.)

5. Robert G. Eccles, George Serafeim, and Beiting Cheng. "Foxconn Technology Group (B)." Harvard Business School Supplement 112-058, November 2011. (Revised February 2012.)

6. Jody Grewal, Clarissa Hauptmann, and George Serafeim. "Material Sustainability Information and Stock Price Informativeness." *Journal of Business Ethics* 171, no. 3 (July 2021): 513–544.

7. Jody Grewal and George Serafeim. "Research on Corporate Sustainability: Review and Directions for Future Research." (pdf) *Foundations and Trends® in Accounting* 14, no. 2 (2020): 73–127.

8. Ioannis Ioannou and George Serafeim. "The Consequences of Mandatory Corporate Sustainability Reporting." In *The Oxford Handbook of Corporate Social Responsibility: Psychological and*

Organizational Perspectives, edited by Abagail McWilliams, Deborah E. Rupp, Donald S. Siegel, Günter K. Stahl, and David A. Waldman, 452–489. Oxford University Press, 2019.

9. Sakis Kotsantonis and George Serafeim. "Four Things No One Will Tell You About ESG Data." *Journal of Applied Corporate Finance* 31, no. 2 (Spring 2019): 50–58.

10. Ethan Rouen and George Serafeim. "Impact-Weighted Financial Accounts: A Paradigm Shift." *CESifo Forum* 22, no. 3 (May 2021): 20–25.

11. George Serafeim, Vincent Dessain, and Mette Fuglsang Hjortshoej. "Sustainable Product Management at Solvay." Harvard Business School Case 120-081, February 2020.

12. George Serafeim and Jody Grewal. "ESG Metrics: Reshaping Capitalism?" Harvard Business School Technical Note 116-037, March 2016. (Revised April 2019.)

13. George Serafeim and Katie Trinh. "A Framework for Product Impact-Weighted Accounts." Harvard Business School Working Paper, No. 20-076, January 2020.

14. George Serafeim, T. Robert Zochowski, and Jennifer Downing. "Impact-Weighted Financial Accounts: The Missing Piece for an Impact Economy." (pdf) White Paper, Harvard Business School, Boston, September 2019.

第四章 不同公司行为的后果

1. Alex Cheema-Fox, Bridget LaPerla, George Serafeim, and Hui (Stacie) Wang. "Corporate Resilience and Response During COVID-19." *Journal of Applied Corporate Finance*. 2021.
2. Robert G. Eccles, George Serafeim, and James Heffernan. "Natura Cosméticos, S.A." Harvard Business School Case 412-052, November 2011. (Revised June 2013.)
3. Claudine Gartenberg and George Serafeim. "181 Top CEOs Have Realized Companies Need a Purpose Beyond Profit." *Harvard Business Review* (website) (August 20, 2019).
4. Boris Groysberg, Eric Lin, and George Serafeim. "Does Corporate Misconduct Affect the Future Compensation of Alumni Managers?" Special Issue on Employee Inter- and Intra-Firm Mobility. *Advances in Strategic Management* 41 (July 2020).
5. Boris Groysberg, Eric Lin, George Serafeim, and Robin Abrahams. "The Scandal Effect." *Harvard Business Review* 94, no. 9 (September 2016): 90–98.
6. Paul M. Healy and George Serafeim. "An Analysis of Firms' Self-Reported Anticorruption Efforts." *Accounting Review* 91, no. 2 (March 2016): 489–511.
7. Paul M. Healy and George Serafeim. "How to Scandal-Proof Your

Company." *Harvard Business Review* 97, no. 4（July–August 2019）: 42–50.

8. Paul M. Healy and George Serafeim. "Who Pays for White-Collar Crime?" Harvard Business School Working Paper, No. 16-148, June 2016.

9. George Serafeim, "Facebook, BlackRock, and the Case for Purpose-Driven Companies." *Harvard Business Review*（website）（January 16, 2018）.

10. George Serafeim, "The Role of the Corporation in Society: An Alternative View and Opportunities for Future Research." Harvard Business School Working Paper, No. 14-110, May 2014.

第五章 公司持续盈利的策略

1.Francois Brochet, Maria Loumioti, and George Serafeim. "Speaking of the Short-Term: Disclosure Horizon and Managerial Myopia." *Review of Accounting Studies* 20, no. 3（September 2015）: 1122–1163.

2. Beiting Cheng, Ioannis Ioannou, and George Serafeim. "Corporate Social Responsibility and Access to Finance." *Strategic*

Management Journal 35, no. 1 (January 2014): 1–23.

3. Robert G. Eccles, Ioannis Ioannou, and George Serafeim. "The Impact of Corporate Sustainability on Organizational Processes and Performance." (pdf) *Management Science* 60, no. 11 (November 2014): 2835–2857.

4. Ioannis Ioannou, Shelley Xin Li, and George Serafeim. "The Effect of Target Difficulty on Target Completion: The Case of Reducing Carbon Emissions." *Accounting Review* 91, no. 5 (September 2016).

5. Robert G. Eccles, George Serafeim, and Shelley Xin Li. "Dow Chemical: Innovating for Sustainability." Harvard Business School Case 112-064, January 2012. (Revised June 2013.)

6. David Freiberg, Jody Grewal, and George Serafeim. "Science-Based Carbon Emissions Targets." Harvard Business School Working Paper, No. 21-108, March 2021.

7. David Freiberg, Jean Rogers, and George Serafeim. "How ESG Issues Become Financially Material to Corporations and Their Investors." Harvard Business School Working Paper, No. 20-056, November 2019. (Revised November 2020.)

8. Jody Grewal and George Serafeim. "Research on Corporate Sustainability: Review and Directions for Future Research." (pdf) *Foundations and Trends® in Accounting* 14, no. 2 (2020): 73–127.

9. Ioannis Ioannou and George Serafeim. "Corporate Sustainability: A Strategy?" *Harvard Business School Working Paper*, No. 19-065, January 2019. (Revised April 2021.)

10. Ioannis Ioannou and George Serafeim. "Yes, Sustainability Can Be a Strategy." *Harvard Business Review* (website) (February 11, 2019).

11. Kathy Miller and George Serafeim. "Chief Sustainability Officers: Who Are They and What Do They Do?" Chap. 8 in *Leading Sustainable Change: An Organizational Perspective*, edited by Rebecca Henderson, Ranjay Gulati, and Michael Tushman. Oxford University Press, 2015.

12. George Serafeim and David Freiberg. "JetBlue: Relevant Sustainability Leadership (A)." Harvard Business School Case 118-030, October 2017. (Revised October 2018.)

13. George Serafeim and David Freiberg. "JetBlue: Relevant Sustainability Leadership (B)." Harvard Business School Supplement 119-044, October 2018.

14. George Serafeim and David Freiberg. "Turnaround at Norsk Gjenvinning (B)." Harvard Business School Supplement 118-033, October 2017.

15. George Serafeim and Shannon Gombos. "Turnaround at Norsk Gjenvinning (A)." Harvard Business School Case 116-012, August 2015. (Revised October 2017.)

16. George Serafeim and Aaron Yoon. "Stock Price Reactions to ESG News: The Role of ESG Ratings and Disagreement." *Review of Accounting Studies*, forthcoming(2022).

17. George Serafeim and Aaron Yoon. "Which Corporate ESG News Does the Market React To?" *Financial Analysts Journal* 78, no. 1 (2022): 59–78.

第六章　机会原型：公司如何获取价值

1. Robert G. Eccles, George Serafeim, and Shelley Xin Li. "Dow Chemical: Innovating for Sustainability." Harvard Business School Case 112-064, January 2012.(Revised June 2013.)

2. George Serafeim. "Social-Impact Efforts That Create Real Value." *Harvard Business Review* 98, no. 5(September–October 2020): 38–48.

3. George Serafeim. "The Type of Socially Responsible Investments That Make Firms More Profitable." *Harvard Business Review* (website)(April 14, 2015).

第七章　投资者推动变革：不仅仅是负面筛选

1. Amir Amel-Zadeh and George Serafeim. "Why and How Investors Use ESG Information: Evidence from a Global Survey." *Financial Analysts Journal* 74, no. 3 (Third Quarter 2018): 87–103.
2. Rohit Deshpandé, Aiyesha Dey, and George Serafeim. "BlackRock: Linking Purpose to Profit." Harvard Business School Case 120-042, January 2020. (Revised July 2020.)
3. Rebecca Henderson, George Serafeim, Josh Lerner, and Naoko Jinjo. "Should a Pension Fund Try to Change the World? Inside GPIF's Embrace of ESG." Harvard Business School Case 319-067, January 2019. (Revised February 2020.)
4. Ioannis Ioannou and George Serafeim. "The Impact of Corporate Social Responsibility on Investment Recommendations: Analysts' Perceptions and Shifting Institutional Logics." *Strategic Management Journal* 36, no. 7 (July 2015): 1053–1081.
5. Mindy Lubber and George Serafeim. "3 Ways Investors Can Pressure Companies to Take Sustainability Seriously." *Barron's* (June 23, 2019).
6. Michael E. Porter, George Serafeim, and Mark Kramer. "Where ESG Fails." *Institutional Investor* (October 16, 2019).
7. Christina Rehnberg, George Serafeim, and Brian Tomlinson.

"Why CEOs Should Share Their Long-Term Plans with Investors." *Harvard Business Review*（website）（September 19, 2018）.

8. George Serafeim. "Can Index Funds Be a Force for Sustainable Capitalism?" *Harvard Business Review*（website）（December 7, 2017）.

9. George Serafeim. "ESG Returns Eventually Will Win Over Critics." *Barron's*（March 1, 2019）.

10. George Serafeim. "How Index Funds Can Be a Positive Force for Change." *Barron's*（October 12, 2018）.

11. George Serafeim. "Investors as Stewards of the Commons?" *Journal of Applied Corporate Finance* 30, no. 2（Spring 2018）: 8–17.

12. George Serafeim. "Public Sentiment and the Price of Corporate Sustainability." *Financial Analysts Journal* 76, no. 2（2020）: 26–46.

13. George Serafeim. "The Fastest-Growing Cause for Shareholders Is Sustainability." *Harvard Business Review*（website）（July 12, 2016）.

14. George Serafeim and David Freiberg. "Summa Equity: Building Purpose-Driven Organizations." Harvard Business School Case 118-028, November 2017.（Revised April 2019.）

15. George Serafeim and Mark Fulton. "Divestment Alone Won't Beat Climate Change." *Harvard Business Review*（website）

（November 4, 2014）.

16. George Serafeim and Sakis Kotsantonis. "ExxonMobil's Shareholder Vote Is a Tipping Point for Climate Issues." *Harvard Business Review*（website）（June 7, 2017）.

17. George Serafeim, Shiva Rajgopal, and David Freiberg. "ExxonMobil: Business as Usual?（A）." Harvard Business School Case 117-046, February 2017.（Revised June 2017.）

18. George Serafeim, Shiva Rajgopal, and David Freiberg. "ExxonMobil: Business as Usual?（B）." Harvard Business School Supplement 117-047, February 2017.（Revised June 2017.）

第八章 一致性：现在还是以后

1. George Serafeim. "4 Ways Managers Can Exercise Their 'Agency' to Change the World: " https://hbswk.hbs.edu/item/4-ways-managers-can-exercise-their-agency-to-change-the-world.

2. George Serafeim and David Freiberg. "Turnaround at Norsk Gjenvinning（B）." Harvard Business School Supplement 118-033, October 2017.

3. George Serafeim and Shannon Gombos. "Turnaround at Norsk

Gjenvinning（A）." Harvard Business School Case 116-012, August 2015.（Revised October 2017.）

结 语

1. Ethan Rouen and George Serafeim. "Impact-Weighted Financial Accounts: A Paradigm Shift." *CESifo Forum* 22, no. 3（May 2021）: 20–25.